続・直感分析論

「行動」と「身体」の領域

渡邉　佳明

大学教育出版

はじめに

直感が心理的な概念であることは、これまでの直感論や直感分析論では一貫したとらえ方である。だが、そうは言っても直感が心理的なものにかぎられないこともまた、直感にとっては本質的である。本書で結論づけられるように直感が全体性と向き合うことにおいて働く作用であることからすれば、このことは当然の帰結である。心は心として全体であるにしても、そこに全体性の実体はありえない。少なくともそこに見えるものが見えるものとしてあるにしても、それはそのかぎりのことであり、心のその他の残余はすべて見えない。そこからは、たとえば触って感じ取れる〈物そのもの〉はすべて抜け落ちてしまう。このことは直感が行動との関係で問われるときに如実になる。行動は身体なくしてはありえないからである。

行動はまずもって身体あってのことであることは、直感にかかわらず自明である。本書はこの自明な事柄から始まり、この自明な事柄のうちに幕を閉じるはずである。直感が自らを行動との関連でとらえようとする「直感分析」において、早々とその事柄の全体性に向き合って今こうして始まろうとしている。ここには今こうして直感としての全体性があって、自らの進み行きの全体性と向き合っている。それがここにある確かさであり、方向性であり、芽生えつつある意味であり、始まりつつある意図である。これから果たそうとしていることはそれを言葉のうちに明かすことだが、ここには紛れもなく書き行為としての行動が寄り添っている。

続・直感分析論——「行動」と「身体」の領域——

目次

第一部　原理編

——行動における直感の働き——

第一章

行動と直感

本論ではすでに直感を心の根本機能と規定しているが、このことからすれば行動は直感にとって二の次のことと言える。だが、直感も心も共に人間が生きているかぎりのものであることからすれば、「生きること」と不可分な身体は人間が生きているかぎりにおいて直感や心の領域から排除できない。身体なくしては人間の「生きる」はありえず、直感にとって身体はよそごとではありえない。実際これまでの直感論では繰り返し直感概念には身体概念が属していると述べてきている。本書の論述もまたこのことを改めて確認することから始めなければならない。

ここでの直感分析論は引き続き直感が直感を分析することでありつづけているが、この分析においては心にも増してとりわけ身体に多くの光が当てられなければならず、その論述はこれまでのものとは本質的に違ってくる。行動が身体なくしてはありえないことのうちで心のありようと直感のありようが問われている。

第一節　行動と「心」

心は見えないが、行動は見える。「見える」「見えない」がここでの論述の鍵を握っている。ここで主題化されている直感はこのような事象のうちにとらえられる。直感そのものは見えないにしてもそうである。「見える」要素が直感の背後から迫ってきていて、見えるはずもない直感のありように光を当てようとしている。今現にここで「直感が直感を分析する」が始まり、すでにそれについての文章が生まれ、論が始まっている。ここには紛れもなく直感はあって、働いている。そして、そのことのうちに確かに筆者の行動が「ワープロのキーを打つ」ありようで行動と呼ぶにはささやかだが、しかし確固としてありつづけている。そこに直感に属する「見える」要素はありつづけている。

心の働きとしての思惟の展開がそこにあって、しかもそのありように絡む「指の動き」としての行動がそのことに寄り添っていて、しかもそれが「見える」と「見えない」の間で行き来している。ここでは身体は主として指に限られていて、その指の動きは筆者自身には明らかな確かさでとらえることはできないが、そうかと言ってそれはあいまいであるというわけでもなく、この指の動きの確かさはそれが筆者の指であることの明らかな確かさのうちに現としてある。

以上のことが直感の働きに絡まる身体の働きのありようであると分かる。だが、そのようにとらえられるのは一つの幸運によってである。その場の主役がたまたま心のありよう、つまり思惟であることによっている。思惟の経過は文字としてあとに残ることにその明らかな証はあるが、逆に指の動きの方はあたかも自らの本来の任務のみに忠実に従うかのように、過ぎ去ってしまえばそれはもはやどこを探しても見つからない。今こうして思惟を引き伸ばすことによって新たな動きが思惟に沿うようにして再び姿を現すのみである。それが行動というもののあるべき姿である。行動はそのつどの今にしかない。

行動のありようをたとえばビデオに映して残すことは可能だが、事後に映し出されるものは行動そのものではない。行動そのものは確かに一回限りのものである。行動は働きであって領域ではない。その働きに対応するのは身体である。他方、心は心であり、領域と働きを一つにしている。

今ここに働いている直感において、行動はワープロのキーを打つ指の動きにしか確かなありかは見いだせない。行動とは前記したように今にしかありえないが、心のことならば、過ぎ去ったあの時の心を導き寄せる可能性が残されている。多くはあの時のそのままの心ではないにしても、あの時の心の領域さえ今ここにあらしめれば、あの時の心が今ここに蘇る可能性は残されている。行動にはその可能性は厳として拒まれている。行動にとっての領域は身体にしかありえず、あの時の行動を今ここに蘇らせようとなれば、心の力を借りるよりない。あの時の私の指の動きを心に描いて見せるよりない。

たとえば「歩く」という行動を主題にしようとすれば、私が実際に歩いてみるよりない。そのようにしてそのとき同時に心はどのようなありようをしているのかを観察してみるよりない。これは科学の方法としての実験のことである。この実験は私自身の身体を使用する以外に方法はない。その際の心は私の身体とともにある心のことでなければならない。直感が主題とされるかぎりそうである。働きと領域が一つになっていなければ直感のもつ意味がない。

私が試しに歩いてみてそのときの私の心をとらえようとしても、その場合の対象としての心と方法としての心が同時に、しかも身体のものである行動とともに召集されなければならず、そのようなことはまったく不可能である。自分の行動ではなく他者の行動を素材にしたとしても、問題が心のことであるから、その場合の他者の心を想像してみても不適切であるばかりか不可能である。残される方法は、自分の行動を想起したり想像したりすることだが、その際の心のありようはそのかぎりのことであり、これもまた不適切である。

たとえば、自らの歩いているときの心はどのようにしてあるかと問えば、その問いに向き合う心のありようこそが問題となってしまう。だが、そうであっても、これは一つの「直感が直感を分析する」ありようを示している。このような問いのありよう自身が問題なのは、それがいかにも方法として成り立つありようをしていることにある。この問いについて思惟することは一見可能にみえる。現に身体とともにある行動でないにしても、行動をそこにもたらすことはできそうだし（想起あるいは想像された行動として）、その場合の心の方のありようをそこにもたらすこともできそうである（想起あるいは想像された心として）。

これらの行動や心は、それが外から想起なり想像なりされていることで直感そのものとは無縁となっている。それらは表象作用に導かれるものであって、直感の要素としての「自己」経由で、つまり対象化としての知識のありようとなる。その場合の「直感が直感を分析する」は「自己」経由のものであって、そのかぎりのものである。つまり、それらは直感作用のありようとしてあるもののことではない。

本論では自己作用と自己領域は要素として直感作用と直感領域に属しているととらえられており、「自己」経由で見えてきたものを直感作用に合流させることはできるととらえられている。このような「自己」経由の直感化作用をここで特化し、以後「自己経由直感化」と呼ぶことにする。端的に言って、表象作用を直感作用に組み入れることである。表象概念を実存概念に同化することである。これは一般直感が日常的に現に行っていることである。

行動のありようを想像なり、空想なりしてみることは、行動と心についての何らかの手がかりを与えてくれるかもしれない。実際、このような方法は事改めて述べるまでもなく日常的にも行われている。自らの行動の反省と呼ばれる営みはそれに近いありようのことである。学問的には、哲学や心理学がそのことに取り組んできたし、心理学の場合、他者関係の領域で、たとえば心理臨床の場で主要課題となっている。心理検査の方法としてもその関係のものはいくつもある。

たとえば、TAT検査は、マーレーが最初にこのテストを考案したときには、パーソナリティー理論に役立てるものであった。パーソナリティーとは人間の行動傾向と言えるものであり、それが心理学的に探求されるということであれば、それはまさにここでのテーマである「行動と心」のことに重なっている。しかも、マーレーがその方法の基礎を空想との関連に置いた点で、本論の進み行きにとってきわめて示唆的なものとなっている。

マーレーは、被検者が図版の絵を見て物語を作る際に働く心のうちに、その人の日常的行動のありようとの類似の傾向を見いだそうとした。そこでは行動と心の関係のありようが本論の場合とは逆転しているが、そうであってもそのかぎりでは本論とつながっている。TAT理論にせよ本論にせよ、行動において働く心のありようをとらえるという文脈のうちにある事象が主題であり、直感が行動においてどのように働くかという本論の主題的な問いはTAT理論の周辺を指し示している。「自らの行動を想像なり空想なりしてその行動のうちに働く心をとらえる」という事象として一つのアナロジーがある。

一方に〈TAT検査〉と〈人間の行動傾向としてのパーソナリティー理論〉との対応があり、他方に〈直感分析〉と〈行動と心の関係把捉〉との対応がある。このアナロジーの共通項は直感である。その場合、マーレー理論には直感概念は属していないが、本論では逆にすべてが直感概念に集約されている。

TAT検査の理論では、〈現実の行動〉と〈空想上の行動〉を連続性のあるものとしている。心はこの両者どちらにも関わっているからである。「身体」は〈現実の行動〉にしか特徴的でなく、また心はその二つのありようにおいて同一のありようをしていないにもかかわらずそうである。

「行動を空想する」は紛れもなく心の働きであるが、この紛れのなさについては熟視が必要である。あいまいさがそこに潜んでいるととらえられるからである。それはちょうど行動における心の働きがあいまいであることの裏返しの関係にある。ＴＡＴ検査の「行動を空想する」においては、行動としての明らかさが心の働きのあいまいさと一体となっている。そのことのうちに直感の一つのありようが見えてくる。

前述のように行動は今にしかありえないありようで明らかであるが、その場合の明らかさは身体を前面に出すことによって得られている。「生きている物（身体）」としての人間の行動は、身体によって今にしかないありようの明らかな確かさを得ている。その裏側で心があいまいさのすべてを引き受けている。

心は行動のありようを自らのうちに想起として、想像として含めながら過去と未来を引き受けている。この二つのありようの合成が「行動を空想する」である。その場合、「心には現在がはたして属しているか」「心は現在に属しているありようをしているか」という二つの新鮮な問いが互いにその装いを異にして浮上してくる。

心のつかみどころのなさは、それが単に見えないからだけではなく、現在としてのそのありようそのものがとらえどころのないことにもよっている。心は想起として想像として、それぞれ過去あるいは未来へと疾走し、滑走する。心は現在としてはありえないありようをしている。

心は現在との関係では、自らの役割のバトンを感覚（身体の働き）に引き渡しているようにもとらえられる。そこでは心はその身を身体のうちに隠しているように見える。だが、そこに心がないわけでもなさそうである。もともと直感の場にはいかなるすきまもへだたりもなく、つねに直感はそのようなありようをしているとすでにとらえられている。心は感覚にバトンタッチしたように見えても、そこではなお直感は働いている。

「行動を空想する」に限らず「空想する」は主として過去と未来と関係している。身体がその二つをつないでいる。そのしかたのありようが行動傾向であり、パーソナリティーである。「直感する」は主として現在と関係している。身体の働きとしての感覚と心の働きとしての「情覚」が過去と未来をつなぎ、直感が全体として働いている。

本論とＴＡＴ理論とのアナロジーの事象のうちに前記の二点が特徴的に見えてくる。「情覚」という新概念がその鍵を握っている。「情覚」とは、感覚が身体と対応することとのアナロジーにおいて心を主格にしたときに浮上してきた本論特有の概念であり、人間が物としての外界と関係をもつときの事象のうちにとらえられている。たとえば目と〈形象〉、耳と〈音〉などの関係における感覚に対応する心のありようの概念である。その場合、外界の物と言っても〈音〉など見えない物もそこに含まれている。「見える」は感覚の一つのありようにすぎない。

心は直感の要素として現にある。身体がやはり直感の要素として現にあるのと同様である。身体にとって外界があるとすれば、心にとってもまた外界はある。直感が身体のみで外界を引き受けているということは、直感が一つで全体としてとらえられていることからすればありえない。身体が外界とつながるありようとして感覚があり、心が外界とつながるありようとして「情覚」が措定されている。このアナロジーにおいて、「情覚」と心の関係は感覚と身体の関係に対比されている。このことは、心と身体をこのように対等に扱うことに何か問題はないかという新たな問いを呼び寄せる。

行動を問うことが、前記のような根源的な問いを改めて生じさせる。そして、その問いに答えることがまさに行動と心の関係を問うことであると改めて知らされる。その鍵を「情覚」と感覚の二概念が握っている。つまり直感にとっての外界のもつ意味にその鍵が潜んでいる。だが、前記の問いへの手がかりはすでにここにある。その一つは、「身体」と心の関係と「行動」と心の関係との対比に思惟の焦点をしぼってみることである。いま一つは、心にとっての外界を「情覚」という新しい概念でとらえ直すことである。

心は、身体との関係でとらえる場合と行動との関係でとらえる場合とでそのありようが違っている。心を身体との関係でとらえようとすれば、身体の一要素としての感覚が前面に出ざるをえない。感覚は外界との関係のありようによってそれぞれ媒介となる部署が身体に属している。視覚は目、聴覚は耳、嗅覚は鼻、触覚は皮膚、味覚は舌とそれぞれ対応している。他方、心は感覚のありようと重なっているが、そのことがすべてではないし、またその重なりにしても、これら五つの感覚との重なりのありようは一様ではない。一つの感覚に焦点が定まることも多く、その場合には他の感覚は薄まるなり没するなりする。心は感覚のそのようなありようの仕方に参画している。心は感覚の前記のありようを規定するが、その仕方に従って心はさまざまに変わる。

今こうして文字を生み続けている作業においても前記のことは如実である。すでに述べたように心と身体の関係はこの場においてもとらえることができるが、それは感覚を媒介とするかぎりにおいてである。直感にとって感覚はそれが前面に出るにせよ、部分的あるいは全面的に没するにせよ、いつでも不可欠な要素としてある。

感覚が身体に属するのか心に属するのかはあいまいである。感覚にとっての外界の受容器官は紛れもなく身体に属しているが、外界の受容そのものは心によって規定されている。受容器官を特定できない「情覚」が心の実体性を明かしている。働きとしての感覚の領域は身体であるにしても、働きとしての「情覚」の領域は身体にはない。脳がその働きを引き受けるにしても、外界との関係でそこに感覚以上のものが新たに生まれるわけではない。なんらかのありようで外界が内界に変わるのでなければありえない。

実際、感覚のみに基づく働きは動物のことであればともかく、人間のこととなれば不完全である。その完全性の鍵は前記したとおり心が握っている。他方、心は感覚を媒介としなければ成り立たないこともはっきりしている。この補完性は、もともと見えないありようの心の実体性を明かしている。人間にとって心は自らのものでありながら見えないのである。見えないものであるがゆえに心は見えるものである身体を規定できている。自らが自らを規定する一つの仕方を、この補完性が明らかにしている。それが人間の生きているありようである。

人間の感覚は心によってのみで規定されているわけではない。身体とは「生きている物」のありようであって、そこには物が属している。「生きている物」は、それ自身物であることから他の物の規定を受ける。感覚と外界との関係がこのことを明かしている。生きているにせよ、いないにせよ、物は他の物によって規定される。「生きている物」

としての人間の身体もまたその例外ではない。すでに述べたように、人間の五つの感覚の受容器官である目と耳と鼻と皮膚と舌もまた焦点が当てられたり没せられたりして互いに互いを規定し合っている。互いに生きている物として影響し合っている。それをさらに高次から規定しているのが心であるととらえられる。それが感覚と心、身体と心の補完性である。

前記のように「生きている物」としての身体は自ら物として他の物からの規定をこうむるが、その場合身体が心と絡むとき心にとっての外界とは何を意味するかが改めて問われなければならない。そのように問うことによって、さきほどかいま見えた身体に対する心の高次性がよりはっきり見えてくるにちがいない。だが、このことについては外界概念について改めて詳しく吟味する必要がある。外界とは人間にとって何を意味しているか。とりわけ「人間の生きる」にとっての意味は何であるか。そして、ここで外界としての物が主題化されてきていることからすれば、物そのもののありようと物個々の呼び名との差異を思惟のうちに導き入れなければならない。

呼び名ということであれば、それは単純に外界のものとは言えず、むしろ呼び名の半分は内を指し示している。今現に思惟の足跡として文字が筆者の指の動きとともにワープロの画面上に記され続けているが、そのことのうちに外と内は紛れもなく交差しつづけている。それは書く行為における特徴的な行動と心の関係のありようだが、話す行為においてもまたこのありようは明らかで、その場合には指の代わりに口と舌が前面に出てくる。そして、その場合の行動は言動と呼ばれている。言動はそれが行動の一種である証として今にしかありえないありようを示すが、その点は書き言葉と話し言葉とでは違っていて、前者では文字が後に残るが、後者では行動にふさわしく後に残るものは何もない。残すためにはビデオに対応する録音器具が必要となる。ともあれ、そこでは直感作用に絡むようにして表象作用が前面に出てきている。行動と物との関係を問う作業に入る前に、以下、次節で行動と言葉の関係を外界との関係で問うておくことにする。

第二節　行動と「言葉」

行動も言葉も外界との関係であいまいである。行動については前節で縷々述べてきたとおり、心や身体、「情覚」や感覚との関係であいまいである。だが、そうであっても行動は決定的に外界との関係を本質としている。身体があることによって「感覚する」は可能となり、そのことによって身体自身も外界とのつながりが保証されている。あいまいさは心や「情覚」がそこに絡むことによって起こっているが、人間にとっての行動はまたそれらがなくてはありえないこともはっきりしている。このような補完性は「直感」の本質的ありようを示している。言葉もまた行動と同様にあいまいであるが、言葉一般のもつあいまいさについては本書とは別の場ですでに取り上げているので、ここでは行動の本質的特徴である外面性との関連を通して言葉における直感のありように迫ることとする。

言葉の外面性を示すものとしては一つには書き言葉としての文字があり、いま一つには話し言葉としての表音がある。現に今ここで起こっている書き行為の事象については本書の冒頭ですでに述べたが、その場合の文字の外面的広がりについてはまだ言及していない。これらの文字はいずれ活字となり本になるなりして他者による「読む」に出会う。ここでの外面性はこのような方向への広がりを指し示す。行動が常に外面性として外にさらされていることとのアナロジーが言葉のありようにも潜んでいる。

私の指から生まれた文字は活字となり、本となって私の行動の代替のようにして外に向かっていく。出版公開されるかぎりで、またその広がりを問わないかぎりでそうである。個人サークルということであれば、活字にならなくともこのことはありうる。文字なり活字なりが担う広がりは私の心のうちにとどまることはできず、外へと歩み出す。

言葉について内面的に問うのでなければそうである。

直感はもともと〈深さ〉に特徴的であり、直感特有の意味作用自身が〈深さ〉を指し示している。本論では直感のもつ意味作用の深層領域を「意味B」と呼び、自ら現れたり没したりして表層の「意味A」を支えているととらえられているが、〈深さ〉はこのことのうちに特徴的である。だが、これは直感のありようの一面にすぎず、他方において、前記したような文字や活字の歩み出しの方向に見えてくる〈広さ〉に特徴的な側面がある。端的に言って、深く、しかも広く事象をとらえるのが方法としての直感の特徴である。

言葉もまた意味作用を本質としていることからして前記の直感の特徴をもっているが、〈広さ〉に関しては「意味B」に支えられる「意味A」が前面に出る。端的に言って、社会的なコミュニケーションを成り立たせている言語作用である。文字や活字の外面性が表層としての「意味A」を指し示すが、深層の「意味B」をそのうちに含みもっている。

他方、行動もまた「外面性」経由で〈広さ〉を指し示している。物との関係、人間との関係でそうである。その鍵を握っている身体がその根源としての言葉以前の原初を指し示し、乳幼児のありようが身体と言葉を一つにしている。乳幼児において言葉の根源は身体のうちに生まれ、発達するが、その後の発達にともない身体は言葉を介して外界へ、そして社会へと広がり、それにふさわしく行動のありようにも変化が生まれる。言葉にはすでに述べたように書き言葉としての文字と話し言葉としての発話があるが、時間との関係でそれぞれ異なるありようをしている。文字となってしまった言葉は、あたかも歴史的遺跡のようにしてある。今現にここで書かれている言葉もまた、書かれた一瞬後にはワープロの画面上に不動の文字の姿で存在している。その対極としてある文字のありようは古代文字のありように典型的であるが、その劣化の程度に応じてやはり不動の文字の姿で残されている。そのようにして文字は外に向けて存在し、言葉であるがゆえに読まれることを通して前記のような広がりに向けてあり、あるいは読まれるために外としての姿をもちつづける。そこに直感らしさははっきりしないが、それが新たに読まれるたびごとにその言葉に潜む直感らしさがよみがえる。

前記したことは文字の場合だが、言葉一般がもつ時間との関係は特徴的であり、話し言葉の発話になるとまた別の特徴が現れる。現代では文明機器が発達し、発話も文字のように後に残ることが可能になったが、それでも文字のような役割とは違って発話の場合は特別に記録として残すとき以外には残さないものである。その点は行動と類似している。どちらも現在との関係が濃密で、文字が過去性を特徴的にしているのとは対照的である。これは「視覚に訴える文字」と「聴覚に訴える表音」の対比であり、「見える」と「見えない」の対比である。またそのどちらもが対象関係をもっている点では同じだが、視覚の対象は物であり、聴覚の対象は音であるという差異がある。そのどちらの感覚も直感を支えているが、この差異はそれぞれの直感の働きとの共通性と差異性を明らかにしている。

視覚は対象との関係で「知る」が前面に出るが、聴覚は対象との関係で「感じる」が前面に出る。同じ言葉でありながら文字と表音における直感のありようの差異は顕著である。前者では視覚と知覚が前面に出て「情覚」がそれを補うありようをするが、後者では聴覚と「情覚」が前面に出て、知覚がそれを補うありようをしている。いずれにしても、その両者には「情覚」が必要不可欠なありようで参画している。言動としての行動において働く「情覚」のありようをとらえておくことは、直感のありようを考えるうえで極めて重要である。

「現在時間」との関係の濃密な発話においては、その表音の「見えない」ありようが「現在時間」の瞬間性とあいまって聴覚および知覚への「情覚」の参画の必要性を一層大きいものにしている。その点は、過去性を本質とする文字の場合には、その「見えてありつづける」ありようが「明らかな確かさ」を求める知覚と「見えている表層に潜む深層」を感じ取る「情覚」との二人三脚の協同を要請する。それぞれに働く直感はそれぞれの状況のありように規定されて変化する。それによって互いのバランスが自動的に変化する。行動および身体が外面性を本質としていることから、それらと密接に関係している心がやはり外面性との関係で自らに「情覚」のありようを呼び寄せている。

前記の表現に含まれている事象には、二つの特記すべきことが内在している。一つは、これはすでに繰り返し述べてきていることであるが、行動において身体と心は一つになっているということである。これは、身体の本質としての外面性と心の本質としての内面性が行動において一つになっているということである。行動とは、人間のもつ外面性と内面性を一つにしている特徴的な働きである。今一つのことは、これもまたこれまで繰り返し触れてきたとおり、行動において「情覚」と感覚もまた一つになっているということである。その際、知覚はどのように位置づけられるかが問われる。だが、これについては「情覚」との関連で生ずる状況の混乱をとりあえず避けるために後続の検討課題として残しておき、ここではまず「情覚」のみに焦点をしぼって取り上げる。

すでに述べたとおり身体と感覚の関係は明快である。その働きは外の事物を受容（摂取）することであり、それぞれの受容（摂取）対象に応じて器官が明快にある。だが、それはそのかぎりのことであって外は外としてあるままで、その本質としての外に変わりはない。そこに変化があるとすれば、身体の外と内のありようの変化であるが、心の場合には、その外と内のありようは直接的には意味をもたない。身体と心が互いに分けられることによってこの混乱した事態は生じている。行動において本質的な外面性とは何でありどのようにしてあるかが、ここで改めて問われる。

行動ということであれば、身体との関係で感覚のほかに神経を呼び寄せておく必要がある。また神経との関係で脳も呼び寄せておく必要がある。加えて、やはり身体との関係で〈生理〉概念も呼び寄せておく必要がある。この概念には、器官と〈流体物（たとえば血液）〉が含まれている。そのうえで行動にとっての外面性とは何であり、どうあるのかが問われる。このように各種の関係事物を呼び寄せてみれば、その外面性という概念は危うくなる。せいぜい身体の外と内として述べる以上のことは言えない。だが、この「内」概念のもつ意味は、厳密に言って人間の「皮膚及び粘膜」を境とした身体の「外」と対比する「内」のことである。

ここで一つの付帯条件が付く。前記のことは身体の〈全体性〉における外面性であり、身体の〈部分性〉における事物の外面性については不問に付されている。身体にとっての外面性の問題は、実は身体の内にこそある。身体の内にある各部にはそれぞれにおいて他の各部との関係があって、それが「生きる」を可能にしている。ここで新たに関係性の概念が外面性の概念に付随して浮上する。この関係性にとっては外面性とは単に身体の外のこととは言えない。このことを確認して、その後おもむろに「心」および本項のテーマである「言葉」を呼び寄せることが必要である。そのうえで「心」と「言葉」は〈身体〉と、そして〈行動〉とどのように関係しているのかを問うことが必要である。そして、その場合の行動はどのようにしてあり、直感はどのようにしてあるかがその後で問われる。

「言葉を発する」は空中に向けてであり、「言葉を書く」は紙面あるいはワープロのキーに向けてである。紛れもなく外に向けてであり、それは行動の一つのありようを地味に示している。それが地味と思えるのは、一つには身体の関わりが地味であることによっているが、別様に述べれば、心がそのふるまいにおいて主役を演じているととらえられることである。言葉の本質は心であって、身体ではないからである。心が先行するのであって、身体が先行するのではない。だが、このように述べるのも正確ではなく、事象としては前後性ではなく、同時性の方が特徴的である。「言葉を発する」や「言葉を書く」においては心と「身体としての口や舌あるいは手や指」とはほとんど同時に働いている。同時と言うのも適切でないとすれば、互いに前後関係を瞬間的に交代しながら、互いの補完をまっとうしながら働いている。直感は紛れもなく、しかもそのありようは謎を含みながら働いている。そしてそれは目立たないながら行動を含みもっているが、行動と言うには複雑なありようである。

行動はもともと外との関係で明快なものであるはずだが、発するにせよ書くにせよ言葉と関係するときには複雑である。それは内と外との関係で複雑になっている。だが、このような文脈のうちで明らかなのは、行動における関係性は心との関係でそのありようが変わることであり、その場合には「身体としての口なり舌なり、あるいは手なり足なり」との関係でバランス関係を保っていることである。たとえば、言葉における〈発する〉や〈書く〉とはちがって最も行動らしい運動としての「歩く」や「走る」においては足なり腕なりが前面に出て、心は身体のうちに溶け込んでいるありようをしている。だが、そこで心が働いていないわけでないことは、そのしぐさのありようを見れば心のありかがとらえられるし、それ以前に「歩く」や「走る」は心とともに始まっていることは容易に想定できることである。その場合の心の占めるありようは、言葉を発するなり書くなりすることとは明らかに違っている。このことは極端に相反する行動のありようであり、別様に述べれば、言動と運動の差異である。身体と心の共同の働きにおいてバランスなり組み合わせなりが違っているととらえられる。これはとりもなおさず直感の働きのありようである。

すでに述べたように言動の働きにおける身体のありようはその一部としての口や舌であり、他方運動の働きにおける身体のありようが文字どおり身体自身であることに両者の差異は如実である。その差異はそれぞれの外面性の差異も告げていて、前者ではそれ自身外のありようをしている口と舌は内を向いているが、後者ではそれ自身足にせよ手にせよ外そのものであり、それにふさわしく外を向いている。このことは、行動において働いている「身体」と「心」の間のバランスは単に重心の移行のようなものではなく、〈外〉と〈内〉の方向性と関係していることも示唆している。言動は内向きであり、運動は外向きである。

前記のことに感覚と「情覚」を招き寄せれば、言動は「情覚」に負うところが多く、その際感覚は「文字を書く」なり「キーを打つ」なりを主として視覚によって陰から支えているようにとらえられる。心と身体はこのような役割を分かち合っている。他方、運動においては感覚が総動員されるありようが示されていて、「走る」や「歩く」においてはとりわけ視覚が休むことなく前方の光景に向けて働き、その他の感覚も目立たないありようでその働きに参画している。「情覚」もまたそれに寄り添うようにして働いているととらえられる。このような心の働きにおいて欠かせないものは知覚だが、知覚を呼び寄せる場合には同時に統覚も招き寄せておく必要がある。統覚は感覚のみならず知覚概念をも超えてしまうありようをしている。統覚についてはこの段階ではまだ心の働きのうちにとどめておくのが適切だが、「情覚」との関係にかぎって統覚を呼び寄せておく。

統覚の主要な役割は部分をまとめる働きであるが、それは知覚を超えている働きである。前述の言動や運動の文脈に戻れば、「文字を書くなり言葉を発するなりする行動」や「歩くなり走るなりする行動」において直感は紛れもなく働いているが、それが可能となるためには「情覚」が極めて重要な働きを引き受けている。だが、心の働きはそれで十分ではなく、これら分節されたすべてを一つにしている働きがそこになくてはならない。心はそれを自らの役割として地味に、しかも確実に身体と一つになりながら引き受けている。内も外もない心のみがそのような「一つにする」任に就くことが可能となっている。

統覚はすでに心理学概念になっていて表象概念である。これは内と外を区分する概念である。他方、「情覚」は本論のみに素性をもつ実存概念である。「情覚」は「生きる」と一体となった概念であり、もともと「生きる」を前提としている。それは単に人間の「生きる」に限られるものではなく、他の生物にも普遍化するものである。そのようなありようの直感を、本論では「根源直感」と呼んでいる。「情覚」概念は心と重なっているが、本論の展開において主として外との関係で浮上してきた心の働きである。

心が身体と対するように「情覚」は感覚と対している。前者の対比には全体性への方向性が属しているが、後者の対比には外面性への方向性が属している。そこに「情覚」と感覚が一つにされる方向性が想定され、その方向において外面性と内面性がさらに一つになる働きがなくてはならない。これまでこのような任を心にあてがってきたが、そのためには心と身体の関係は単なる対比ではなく、心を優位とする対比関係であるととらえる必要がある。このことをさらに「情覚」と感覚の対比に敷衍すれば、この対比関係もまた「情覚」を優位とするものでなければならない。これが何を意味しているかと言えば、実存概念である「情覚」に表象概念である「統覚」を含める必要が指し示されている。

前記の文脈にあることは単なる推論の展開を示しているのではなく、ここで働いている直感が「生きる」を通して働き、「自己領域（表象関係）」と「非自己領域（直感関係）」が互いに含み合うありようを示している。それがここにおいての「生きる」であり、そのようにして生まれている概念として「情覚」があり、今新たに統覚概念が「情覚」概念に吸収されてここにある。このような文脈を通じて、心と身体、「情覚」と感覚、「情覚」と統覚のそれぞれの対比において、心は身体より、また「情覚」は感覚や統覚より優位であることが示唆されている。同時にまた心と「情覚」がもともと実存概念であることも改めて確認される。

第三節　行動と「身体」

行動が身体と密接であることは自明であって、その前段階として言葉を位置づけることも可能である。言動という表現が行動への橋渡しを示している。他方、心には行動への橋渡しになる確たる表現は見当たらず、精神活動とか情動とか呼ばれる言葉に分節されていく。心の働きが分節化されるわけだが、心理学がそれを現に細分化しすぎるほどに進めている。その結果心そのものが霧のなかに没し、その姿をくらましてしまっている。もともと心とはそのようなものであると言ってしまえばそれまでだが、本論の基本的主題である直感にとってはそれでは済まされない。

直感の主題化において精神活動なり情動なりが「行動と身体の関係」を指し示しているが、その関係性のうちに心のありかをとらえるのはなかなかむずかしい。そのむずかしさは心が行動や身体から隔たれてしまっているからではなく、逆にそのうちに溶け込むなり霞むなりし、あるいは消えてしまっているようにもとらえられるからである。身体と心の区分は、もともと区分であるかぎりにおいて全体として一つであるものを前提としている。しかし、前記のように単純に言えないこともはっきりしていて、すでに述べたとおり心の働きはともかく心の領域はもともとはっきりせず、そのありようは「見えない（領域がない）」という日常語に謎を含んだまま集約されている。

その際視覚がその謎を解く鍵を否定的に（見えるありようとしての〈領域〉との関係で）握っており、「情覚」が肯定的に（見えないありようとしての「働き」との関係で）その謎を解く鍵を握っている。このことにおいて視覚が知覚を肯定的に指し示し、「情覚」が逆に否定的に知覚を指し示しているが、これは単なる偶然ではない。この逆説的な交差こそが直感のありようの複雑さを示している。本節で身体を取り上げるのは前記の複雑さをあらかじめ見込んでのことであり、身体と行動の関係にみられる〈領域〉としての明らかで確かなありようは、逆にそのうちに潜む〈働き〉としての複雑であいまいなありようを告げている。

前記のことを身体との関連でさらに敷衍して述べれば、一方に身体と行動の関係を極めて明らかな確かさで特徴づける視覚（感覚）が領域性としてあり、他方に、逆にその関係を極めてあいまいな不確かさで特徴づける「情覚」が作用（働き）性としてある。

言葉と言動の関係ということであれば前記の点とは違っていて、視覚に限らず感覚は極めてあいまいで不確かな作用性を帯び、言葉特有の意味によってぼかされる。逆に「情覚」は知覚を支えるなり自ら前面に出るなりして明らかで確かな作用性としての意味を獲得し、知覚と関係する明らかで確かな意味が生まれる。「情覚」がその明らかな確かさをぼやかすにしてもそうである。

言葉のありようとしての言動は意味と本質的な関係をもっていることにおいて前記のことは如実である。すでに述べたように明らかな確かさが「意味A」を担い、あいまいな不確かさが「意味B」を担う。そのいずれにおいても「情覚」が重要な働きを担ってその働きに参画している。「情覚」は「意味A」においては知覚の背後にあるありようをし、また「意味B」においては知覚を離れて感覚や感情へと近づき、その限りにおいて身体との関係を深めているととらえられる。いずれにしても、それらの鍵を「意味」が握っている。そこに言動があるかぎりにおいてそうである。それでは言動をさらに一歩進めて、行動一般において「意味」はどのようなありようをしているか。本節ではこのことが身体との関係で問われる。

知覚における「意味」のもつ役割は「知る」との関係で分かりやすいが、感覚と「情覚」における「意味」となれば、それらが「感じる」を主としているかぎりにおいて事は単純ではない（以後、「事」あるいは事の漢字表現は「情覚」との関係で「事情」「事実」「事象」などの「事」を含意させて使用する）。端的に言えばそれは行動における「意味」のこととなるが、直感との関連でそのことが問われる。実存概念である「情覚」がその鍵を握っていると想定できるが、その際実存概念とはそもそも何であり、どのようにしてあるかも改めて問われなければならない。「情動」および精神的活動、言動、行動、運動など人間に関係づけて「動き」のそれぞれのありようを列挙してみれば、そこに何が、どのように見えてくるか、と問うてみる以外にはここで働く直感にとっては確かな寄る辺はない。

これらの「動き」にまつわる各種の表現の並びには一つの「意図」があって、それはもちろん本書の題名にあるとおり「行動及び身体」と関係する直感のありようを明るみに出す「意図」だが、そのためには、行動がそうであるように事を人間に関係づけることが必要であり、前掲の各種の「動き」はいずれも人間に関係する「動き」である。しかも身体と関係する「動き」を中心にしている。「意図」はそのようなことに働いていて、それに基づいてここでも書き行為としての行動が今現にこうして展開している。だが、この行動は身体のみによっているわけでないことは自明であり、指や目が明らかな確かさで働いているが、そこから生まれつづけているものが文字であることによって指は「指以上」のものとなっており、目もまた「目以上」のものとなっている。

だが、そのことのうちにある「以上」とは何であり、それがどのようにしてあるかははっきりしていない。これまで、そのようなもののありようを一括して身体に対して「心」と呼んできた。事態はそれでは済まない状態が生来している。本論では直感が主題化され、その直感は心の根本機能と規定されている。したがって心が何であるかが分からなければ、直感が何であるかも分からない。ここにおいて今現に働いている「指以上」のもの、「目以上」のもの（それが心だが）、そもそもそれは何であり、どのように働いているのかが、今ここで現に問われている。

前記の文脈からすれば、今ここでの私の書き行為としての行動には何らかの「意図」があって事は始まっている。指と目は、その「意図」の下で一つの事として動き始めている。「指以上」「目以上」における「以上」とはこの「意図」の事らしいと分かるが、そのありようはなお定かではない。今ここにおいて、その定かでないありようを問うてみて、「それが心のことだから」と同義語反復することは、今現に事が進んでいる以上、ここに立ち止まることと同義となる。直感の本質とは「働きつづける」ことにあると改めて納得させられる。それを確かなものとして止めたいと言うことであれば、自己領域で直感を新たに定義づけし、「働きつづけるありよう」を固定化して向こう側に保管して、一休止するよりない。だが、そうしていても直感はなおも働きつづけており、その証は今現に止まることなく事が進みつづけていることにおいてはっきりしている。指と目それぞれの「以上」がその事を可能にしている。ここには私のうちにある「意図」が働きつづけている。

前記の文脈において重要なことは、指と目という場合の「以上」とは身体としてのありようにおける「以上」であり、そのかぎりにおける「意図」であるということである。指に属する「意図」であり、目に属する「意図」である。指に触覚が属し、目に視覚が属するように、指と目に「意図」が属している。そのようなありようがここにあって今現に働きつづけている「指以上」と「目以上」をもたらしているが、それはもともと指のものであり、目のものである。それぞれに触覚と視覚が属しているように。

ここでの文脈における心とは「意図」の事である。私の「意図」が心として、ここにある事としての文を前に進めている。その文にとっては「意図」とは「意味」の事である。「意図」は「意味」と重なっていて、「意図」は私の指の動きとの関連で浮上してきている。他方、「意味」とは私の前のワープロの画面上の文字との関連に明らかなありようをしてある。前者の「意図」も後者の「意味」もともに私の心と関係していて、片方は指の動きの方に向かい、他方は文字としての表現の方に向かっている。換言すれば、片方は行動へ、他方は言動へ。さらに換言すれば、片方は「意図」として、他方は「意味」として。それらを一つにしているのが心であり、この心に身体が属している。ここでの思惟の展開を、文の断片として以下にまとめておく。

課題文1　言動に「意味」があるように、行動に「意図」がある。

課題文2　言動も行動も人間の動きである。

課題文3　「意味」と「意図」には、それぞれA（表層）とB（深層）がある。

課題文4　「意味」は内面を向き、「意図」は外面を向いている。

課題文5　「意味」と「意図」は方向を逆に示す。

課題文6　内面性は言葉の「意味」のありようである。

課題文7　外面性は身体の「意図」のありようである。

課題文8　言葉は内へと深まり、身体は外へと広がる。

課題文9　言葉の「意味」は表象として明滅する（「対象化」と「非対象化」）。

課題文10　身体の「意図」は物として明滅する（「見える」と「見えない」）。

心は前記のありようのうちでただひたすら働いている。これらの課題文で銘記しておくべきは、「意味」と「意図」に方向性が属していることである。ここでの文の展開が、筆者の「意図」として進むのは、指が「指以上」の事を行動としてするからで、そこに明らかで確かな動きが生まれ、今も「直感が直感を分析する」が進んでいる。「指以上」が動きとして現れ、それが方向性として定まり、それによる「キーへの打ち」が画面上の文字を生み出しつづけている。

前記の事にあるのは単なる「意図」ではない。指の動きとしての「以上」は単に「意図」としてあるのではなく、それが文字を生み出していることのうちに「意味」としてもある。「意図」は「意味」であり、「意味」は「意図」である。「意味」に含まれる方向性は「意図」のうちにあった方向性のさらなる経過であり、展開である。「指以上」の動きとは方向性を自らのものとした「意味」のことであり、それが指の動きであるかぎりにおいて空間性を導き寄せ、その導き寄せられた空間性は指の動きであるかぎりにおいて時間性に束縛され、「意図」は瞬間ごとの今にしかありえず、それゆえそれは指の動きとなって現れている。

だが、そこに時間性が呼び寄せられているかぎりで過去と未来が「意味」として生まれていて、そこに深さが生まれている。その浅い領域が「A」としてあり、深い領域が「B」としてある。「指以上」のありようはそのようにして今現にここにあって、この文章は前に進みつづけている。指も身体も生きてありつづけるありようをしており、行動は当然のことながら「でたらめ運動」ではなく、方向性が「意図」として「意味」として属している。

内向きの指（身体）の「以上（情覚）」が思惟として事を前に進めている。外向きの指（身体）の「以上（情覚）」が視覚として、触覚として「意図」を導き寄せている。「情覚」が内向きの「指以上」や「身体以上」を外向きのものとして完結させる。身体の最前線にある感覚が身体の内と外を一つにしている。その際、「意図」として事の内にすでにある「情」が何であり、どのようにあるかが問われる。事における身体の内や外それぞれの「以上」のありようがすでに方向性としてあり、「情」もまたそのことの内にすでにある。事はそこから始まり、今もまだこうして前に進んでいる。「情」があるかぎり事は前に進む。前に進むかぎり事は尽きることはない。直感はそのようなありようの内で働いている。知覚はこのようなありようの内に潜在している。直感としての「情覚」と直感としての知覚との関係はこの逆ではない。知覚は直感が働いて事が前に進むかぎり、知覚はこの事の内に潜在している。「意図」としての「以上」は最初から「情」としてあり、指（身体）が言動として事を始め、これまで事を前に進めてきて、今もよれよれと前に進んでいる。この「よれよれ」は「情」が「情」を知ろうとするからである。

ここに現に今ある事は今現にこうして休み休みであるにしても進みつづけているが、そのつど事は後に残ってワープロの画面上に文字として連なっている。それは過ぎ去った事としてあり「事後」であるが、「情」として「事以前」にあったことからすれば「事前」でもある。前記の事の内には二つの方向性が交差している。一方に文字を目指す方向性が指の動きとしてあり、他方に文字は文字として過去のありようとしてワープロの画面上にある。時間性が前記の事の内で交差している。この文字の連なりは指にとってはもはや帰ることのできない過去の事であり、指自身は行動として現在の「情」に従うよりない。一方において「指以上（情）」が行動としてありつづけ、他方において文字が「指以上」における「以上（情）」を引き取り、「文字以上（情）」となってある。「指以上（情）」とともに事は今も現にこのように前へと進んでいるが、指はまだこの「以上（情）」に達しておらず、先を行くのは「以上（情）」である。ここでの事の先を行く「以上（情）」にとって事はまだなく、そのありようは「事前」である。

前記の事の内で「事前」と「事後」が交差している。換言すれば、その交差とは指と「以上（情）」の交差であり、空間と時間の交差である。指は今ここにしかありえない。それが身体のありようである。目の前にワープロのキーがあって指がそれを打つからである。だが、その打ち方はでたらめであることはできず、空間とは別の方向性が交差し、文は字として内向きの方向性を自らのものとし、空間性から解放されて時間性に身を任す。

ここに生じている方向性とは内向きのものであるが、この内にはもはや外としての後先や前後はない。それが「以上（情）」であり、心や直感のありようである。これらに共通する不確かなあいまいさは事の「実」を事実として残し、逆に身体としての明らかな確かさは事の「情」を事情として身にまとう。これら二つのありようが事象として一つになって生まれている。それを可能にしているのが「情覚」である。

前記のことはすべて言動のことである。この項での本来の主題は身体が前面に出る運動なり行動のことである。その場合の事がどのようにしてあるかが問われている。その手がかりはさしあたってここにはない。ワープロを打つのをやめて、外に出て歩くなり走るなりしてみるよりない。

自らが歩くなり走るなりしているありようを想像なり空想なりすることは直感することとは違う。言動から行動へと思惟の展開を広げるにはこの高いハードルを越えておく必要がある。ここでは「直感が直感を分析する」が事として起こっているからである。今ここでは「書く」が進行中であるから、歩くなり走るなりする事をここに導き寄せるには想像なり空想なりするか、あるいは直感するなりしなければならない。現にこれまでしてきたことは、今現にここで起こっている事としての「直感が直感を分析する」であった。その事において働く二つの直感は同じものの二つの現れである。その二つは互いに交差し、循環している。

前記のように歩くなり走るなりする事における直感のありようを同時に分析するということであれば、歩くなり走るなりをここに導き寄せるほかはないが、その導き寄せること自体においても直感が働く。そのうえで「歩く」なり「走る」なりにおける直感の働きをとらえることとなる。この複雑さをクリアできるためには、その「歩く」なり「走る」なりするのは他者のことではなく自分自身のことでなければ不可能である。

「自分が歩く」や「自分が走る」を想像的あるいは空想的に生きるには、その主体はこちらにとどまることになるが（自己化作用、自己領域として）、そのかぎりでは「歩く」なり「走る」なりにおける直感のありようはとらえられない。それが可能になるためには、ここにある「自己」が今現にそうなっているように「非自己」もそこに導き寄せられてこの二つが交差し、循環しなければならない。たとえば、「自分が散歩する」を想像なり空想なりする場合には、自分の過去の日常のなかからその事を蘇らせるか、あるいは未来の日常のなかに描いてみせるかすることになるが、それはそのかぎりで終わってしまってその先に進むことはできない。その場合には「自己」は「自己」によって作られたものになってしまい、その「自己」は今現にここにある「自己」のことではない。作家が一般的に行っている創作活動である。その場合の「散歩する」は向こう岸のことである。

前記の事のうちで直感が直感らしく働く場合には、そのようにはならない。その場合の「散歩する」はこちら側に、つまりここに来てしまう。「自己」はあちら側にもあるがこちら側にもあるからである。直感はそのことを可能にする。ここに来てしまっている「散歩する」における直感の働きもまたここに来てあり、直感がその直感のありようを分析することは可能である。さて、ここにある「散歩する」では事はどうなっているか、それが問われる。ここにある「散歩する」は直感によってもたらされている行動である。「散歩する」そのものではないが、それは単なる表象でもない。このような現れをここで新たに「直感表象」と呼ぶことにする。

直感と表象を一つにすることは矛盾だが、そのような矛盾は直感と分析の関係と重なるものである。「直感表象」とは直感作用によって生じた表象である。直感作用によって生じた分析を「直感分析」と呼ぶのと同じである。直感作用なり直感分析なりに「自己化作用」「自己領域」が属していることからこのことは可能になっている。今ここには「散歩する身体」そのものはない。「直感表象」としての「散歩する身体」は「自己」として、「自己」とともにここにある。同様にここには「散歩する行動」そのものはないが、「直感表象」としての「散歩する行動」はある。

前記の事の内にすでに直感のありようがとらえられている。そこには身体に属する感覚そのものもない。ここにあるのは身体以下であり、感覚以下である。この「以下」が「自己」として、「自己」とともに「直感表象」を生み出している。一見想像や空想の産物のように思えるこの表象は、「自己」と「非自己」によって生み出されている事であり、生きているのは「自己」ではなく事の方である。「非自己」がそのことを可能にしている。この事は事象であり、事情であり、事態であり、事実である。「情覚」がその鍵を握っているととらえられる。

前記の事の内で「情覚」はどのように働いているかが問われるが、ここで本来問われているのは散歩としての行動における直感の働きようである。「散歩する」において心はどのようにしてあるのかが問われている。ここでの事の進み行きがそのような方向性を示している。今も思惟は現にこうしてあって事は前に進んでいる。この進み行きにおいて「散歩する」は身近なものになっている。その歩きようまでここに来ようとしている。私のお定まりの散歩コースである田圃に沿った小石や雑草のある道がここに来ている。里山の起伏もここに来ている。そこを歩くのはこの私であって、ほかの誰でもない。

「散歩する」の「意図」ははっきりしている。散歩が「意図」である。ここにある「散歩する」とは、そういう「散歩する」である。ここには行動そのものはないが、「散歩する」という言葉はある。この言葉が「散歩する」の「意図」を指し示すが、この「意図」は「意味」を含んでいる。直感がそのことを可能にする。

直感にとって「意図」と「意味」は同一である。直感にとって「意図」は「意味」であり、「意味」は「意図」である。「意図」と「意味」が交差している。「散歩する」において「散歩するそのもの」と「散歩する直感」が交差している。「世界」の内で「物そのもの」と「物の表象」が交差するように。「散歩するそのもの」と「散歩する直感表象」が交差している。ここには「散歩」という「事」が「事象」として、「事情」として、「事実」としてある。この「散歩」はこの文の進み行きと交差している。この進み行きは「散歩」であり、「散歩」はこの文の進み行きである。だが、ここには行動そのものはない。ここではそのような「事」が今現に起こっている。

行動でない「散歩」としては、想像上や空想上のものでないとすれば「表象」しか残らないが、この「散歩」は「直感表象」として今現にここにあって、「事」として進んでいる。この「事」がどのようにして前に進んでいるかという問いに答えることが、この「事」自身の進み行きであり「直感表象」のありようである。ここにある「散歩」は気ままなものではない。「散歩」にふさわしい自由さがここにはない。だからと言って進み行きが定まっているわけでもなく、実際筆者自身にはこの進み行きの先が見通せているわけではない。ここにあるありようとは「半自由」である。自由であるのに、自由でない。ここにある「散歩する」はそのような「散歩する」である。

実際、一般的に「散歩する」はそのようなものであるのかもしれず、私自身の「散歩する」もそのようなものである。田圃の畦道を行くいつものコースは気まぐれが働かないかぎりは変わらないし、考え事をして視野がせばまるなり消えてしまうなりしても、私の足は私の足としていつものコースを歩きつづける。その場合の「私の足」は「私の足」であるが、その足は「足以上」ではあるにしても（「散歩している」）が今現にここにあって「事」が進んでいる）、そこに「自由さ」があるわけではない。「意図」とともに始まったこの「散歩」としての「進み行き」の方向性は与えられてしまっており、行く先は分からないにしても行く方向は決まっている。

ここでは「以上」が私を導いているが、その「以上」はもともとすでにあった「情」から始まっているのだから、その「以上」は私と無縁であるわけではない。「以上」は消えてしまって足のうちに没してしまうありようも示すし、周囲の情景を無にしてしまうこともしばしば起こり、私のものであるはずの足の動きが私のものでないように思われることもしばしばである。

畦道から車道に出てもそのありようが変わらないと分かるとき、この足は誰のものなのかと疑わしく思える。散歩中に交通事故に出会っていないのは僥倖のようにも思えてくる。そのような足のありようは「足以下」なのであり、「以下」が足をリードしている。「白日夢」と呼ばれるものはこのような足のありようの延長線上にある「事」である。「情」が身体のうちに没し、「知覚」が身体から分離することである。「以下」が「情」とともに働いて私の命を守っている。その「事」は今ここでも現に起こっていて、私の思惟がその本来の方向から逸れてしまわないように「情」が私の心を守ってくれている。直感は紛れもなくそこで働いている。「でたらめ」への逸脱を免れて、今もなおこの進み行きは「意図」とともに前に進んでいる。

「散歩する行動」は直感にとってはそのようなありようをしており、直感はそのようにして働いている。空間性がその行動を厳しく制限するが、その「意図」が「散歩」であるかぎりにおいて自由気ままであり、実際心は自由に〈夢〉

さえも見ることができる(白日夢)。そこから空間性を除去してしまえば、その自由はいっそう完璧になり「想像」や「空想」が可能となる。そして、現に今も「世界」にはそのようにして数多くの小説作品が生まれ続けている。足はいつまでも行動しつづけるわけではない。当然のことながら行動は有限である。現にここでの「散歩する」もまた有限であり、これまで沢山の「中止」を含みもちながらここまで進んできている。

前記のような進み行きにおける「散歩する」は「思惟しつつ文を書く」であったときとは違っている。それは「思惟する」そのものではなく、また「行動する」そのものでもない。「直感する」ありようの「散歩」として「直感表象」は今現にここにあり、その「事」のうちで「事」が今現にこうして進んでいる。ここでは「事」は二重化し、「事実」と「事象」が交差する。「直感表象」としての「散歩」は今そのようにしてここにある。「散歩するそのもの」は事実として私の日常生活のうちにあり、そのありようを直感的に思惟するために事実としての「散歩する」をここに招き寄せ、思惟のうちに「直感表象」として事象化し、そのような事象としての「散歩する」について思惟し、「事」は今現にこうして進んでいる。

「散歩」としての進み行きが止まるとき身体は休み、行動は退く。ここでは指が休み、言動が退く。この事態は直感にとって特徴的である。身体が休むありようは行動が退くありようである。だが、そのとき身体は消えてなくなってしまうわけではない。その内にあって「情」は消えてしまうわけではない。「感覚」も消えてしまうわけではない。指が止まって「思惟」が中断し、「情」と「感覚」はそれまでとは違ったありようをする。

前記の「事」の内で、一つには指と「思惟」が密接し、いま一つには「散歩」において身体と行動が密接している。このアナロジーにおいては直感のありようが特徴的に浮上する。「動き」が止むとき、「動き」が特徴的に問われる。そのときこの場で働いている直感の効果が、そこで働く直感自らのありようを浮かび上がらせる。ここで今現に起こっていることは、一方で指と「思惟」が絡み、他方で「散歩する身体」が行動と絡むことである。その二つのありようが重なって進んでいる。この二重化がここで起こっているアナロジーのありようだが、それこそが直感のありようでもある。

アナロジーとしてのこの二つのありようが互いに循環し、互いに重畳する。そこに明らかな確かさがあるが、そのありようは二重化してあいまいになっている。その二重化のありようがここでの直感の働きのありようである。一方において指が動きつつ「思惟」が進み、他方において身体が動きつつ「散歩」が進む。

前者の方の「事」において直感は「指そのもの」とともにあり、「文字」そのものを生み出している。そこに「思惟」のありようが「物そのもの」として残され、そのものの内に「意図」があり、「意味」がありつづけている。そのいずれもが「事」の当初にすでにあったものであり、「意図」と「意味」が重なるようにしてありつづけている。方向性はその「事」の内にあり、方向性の内に「指そのもの」が「物」として生き続けてある。それが一つの直感のありようである。

後者の方の「事」において直感は「身体」の「直感表象」とともにあり、そこに「散歩する」の「直感表象」が生まれつづけてある。ここには「物そのもの」も「身体そのもの」もなく、「直感表象」があるだけである。直感はその「事」の内で働いているが、そのありようはここに今現にある「思惟」としての指の動きのありように重なっている。その指は身体として「歩く」に重なり、一方において「文字」が生み出され、他方において「散歩する」が「直感作用」によって前に進み、その足跡が「直感表象」として生まれている。

その際、「直感表象」はそれ自身「直感作用」であることによって「表象」は「文字」として「明らかな確かさ」で残ることはない。一瞬一瞬生まれては消える「事」を繰り返している。これが「散歩する」における身体の行動において起こっている「事」である。「直感表象」としての「表象」の浮き沈み、身体としての「物」の浮き沈みがそこにあり、その「事」のありようが直感の働きのありようである。ここで現に残るものは今も現に残り続けている文字のほかにはない。ここにおける文字としての表象は直感作用の洗礼を受けている。その「意味」は明滅し、あるときは「意味A」に近づき、あるときは「意味B」に近づく。

「散歩する」のありように沿って前記のことを換言すれば（散歩中にも「思惟」が働くが、その場合には「恣意」と標記する方がふさわしい）、「意味A」は「身体」の内に没していき、「意味B」が身体の内から浮上する。哲学者の逸話に「散歩」が身近なことにはこのような直感のありようが示されている（閃き、発見、創造等）。その働きの内では「身体（物）」の明滅が常時起こっている（「見える」と「見えない」の行き来）。「見える」において直感は「視覚」のおだやかな働きに身を任せ、見慣れた景色の変化を楽しみ（「情覚」の優越）、「見えない」において直感は「知覚」の鋭い働きにとらわれる（「情覚」の後退）。そのいずれにおいても「情覚」が特徴的に働いている。

「散歩する」の行動のありようを問えば、そこでは「意味」と「意図」の交差が特徴的に働いているととらえられる。前記の文脈で行動における直感の働きとの関連で「意味A」と「意味B」の関係が特化されたが、その「事」において身体を強調すれば「意図A」と「意図B」の関係の特化もまた試みなければならない。そこでは「意図」における方向性が「意味」における方向性と逆のありようをしていることがうかがえている。

「散歩する」において「意味A」が没していくとき、逆に「散歩」としての「意図」は先鋭化し、身体は「恣意（思惟）」を凌駕してしまう。「意味B」が浮上し（白日夢）、行動は「行動」として純化する（生きている物の動き）。そこにおいて「意図」はどのようにしてあるかが問われている。今ここでの「散歩」は「思惟」であり、「思惟」は「散歩」である。このようなありようで言動は行動に連なり、指は身体に連なり、直感はそれらを一つにしている。それを一つにしているのは直感に属する「情」である。

直感は心とは違って人間のみに特有なものではないから（根源直感）、この「情」は動物にも普遍化している。この普遍的な「情」は人間特有の「自己」によって人間の「情」が特化され、動物の「情」とは区分される。だが、どのようなものであるにせよ、そのいずれもが身体をもち、行動を取ることでは同じである。それぞれにおいて直感の働きようが違っている。後続の項では、引き続き「情」と「情覚」についての考察を深めていくことになるが、その際、鍵となる概念は「意図」と「意味」である。

第四節　行動と「物」

行動するありようそのものは身体のことであるから、そこでは「物そのもの」が前面に現れる。実際、これまでのここでの「事」においては行動の一種としての言動がその一端を明かし続けてきた。ここに今も現にありつづけている私の指は単に表象としてあるのではなく（それが表象としてあるのは、今現にここで起こっているように指が主題化されるときである）、陰からここでの思惟の展開を支えていた「指そのもの」は「指以上」になりながらそのつど「指の直感表象」へと変身を遂げている。

前節の最後で述べたことが形を変えて今も現にここで起こっている。ここには紛れもなく「指そのもの」と「指の直感表象」の二つがあって、それらが「循環」と「重畳」のステップを踏みながらあたかも〈アナロジーのダンス〉を舞うようにしてここでの「事」を前に進めている。物としての指はここに紛れもなくあるが、それが思惟とともに動きつづけていることにおいて瞬間ごとに「物そのもの」ではありえていない。私の直感がその「事」を視野と思惟に入れると指はもはや「指そのもの」ではなくなり、「指以上」のものになってしまう。それがここで起こっている「書く」の言動のありようである。

ここにおいての指の動きが行動であるかぎり指は「指そのもの」であるが、同時にそれがまた「書く」の言動であるかぎり指は「指以上」である。言動でなく行動が前面に出るとき事態は一変する。行動は独り人間のものではなく、動物の行動もまたその近くに来ている。たとえば猫にとっての指は「指そのもの」であり、身体は「身体そのもの」である。その指は猫にとってその「世界（宇宙、自然）」と一体となっているはずで、その直感は超越領域と根源領域を一つにした「非自己領域」を生きているはずである。そのことによって猫の生は可能になっている。その「世界（宇宙、自然）」では「物そのもの」が全面に満ちているはずである。

猫にとっての表象はありえず、あるとすれば「直感表象」であるが、そのように述べる前にその直感のありようを「根源直感」として特殊化しておかなければならない。直感にとっては「特殊」と「一般」には天と地の差があることもここで改めて特化することが必要である。ここでは軽々しい越境は許されない。人間がペットを飼うのとは違う「世界（宇宙、自然）」が猫にとってはあるはずである。心の「世界」と物の「世界」が「宇宙」を二分化（二重化）してあるのと同じである。だが、心と物が一つになる方向性があるとすれば、その果てに現れる「世界」はまた別である。その鍵を直感、とりわけ根源直感が握っている。この文脈に「情覚」と「意図（意味）」の二つの概念を近づけてみるとどのようなありようの「事」が見えてくるかが問われる。「意味」はともあれ「情覚」と「意図」の各概念のありようが、行動の主題下で人間以外の動物を指し示している。猫は「情覚」や「意図」のありかを示すように行動するし、人間はそのことに感応して猫を愛玩している。

前節の後半で述べたように、「行動そのもの」は今現にここでは指の動きとしてしか「明らかで確かなもの」はない。目の動きも行動らしくあるが、私にとってはそのありようは見えないから、それを行動とはとても呼べない。行動は「見える」との関係で際立ってある。それが「物そのもの」との関係性であるありようである。この文脈で浮かび上がる「物そのもの」とは、「見える」ありようの「物そのもの」のことである。このことの確認は重要である。「見えない行動」はありえない。想像なり空想なりされた行動は「行動そのもの」ではない。

ＴＡＴと呼ばれる投影法の心理検査は、図版上の絵から展開する空想上の「擬似行動」を分析して、その行動傾向を被検者の行動の特徴として抽出する。だが、これらは厳密には「行動そのもの」のことではない。第一に、「想像」や「空想」は「見える」とは違う。第二に、図版上の絵は「見える」であるが、そこに見えているのは静止した絵であって、「行動そのもの」はそこにはない。それでは、「動画」では事態はどうなるか。このことが行動との関連で問われる。「動画」においては行動が見えている。とりあえず行動の成立条件は充たされている。だが、そこでの「行動する」は「生きている物そのもの」のそれではない。「行動する」は「生きる」とつながっていなければ、「行動するそのもの」ではない。「行動そのもの」の第二の条件は「生きる」である。この「生きる」は、第一と第二の条件（「見える」と「動く」）を規定する。「行動」における「見える」と「動く」はそれぞれ単なる「見える」と「動く」ではなく、「生きている『動く』」が「見える」ありようをしているのでなければならない。

前記の文脈の内にある行動は「生きる」と密接であり、「生きる」と無縁な「物そのもの」はその異質性を際立たせてこの近くに来ている。「生きる」と「生きていない」がここでの「事」の内で交差している。こちら側に「生きる」があり、向こう側に「生きていない」がある。実際、そのようなありようは今現にここで起こっている。私の指は生きて今現に行動しつづけていて、その結果がワープロ上の画面に文字として残りつづけている。この「事」の内でワープロのキーが「物そのもの」としてありつづけ、私の指と交差しつづけている。

前記の「事」で重要なことは、私の指は「動いている」こと、その結果としてワープロのキーは「動かされている」ことである。ここには「動く」と「動かされる」が組み合わさっている。前記の二つはどちらも動いていることでは同じである。前者は「自己」として動いており、後者は「非自己」として動いている。さらに、前者は「生きている」であり、後者は「生きていない」である。「生きている主体」が前者である。「生きていない主体」は後者である。「動く」の主体はその二つの主体の合成である。そのありようが直感のありようである。

前記のありようの直感の働きにおいて、「情覚」および「意図（意味）」はどのような関わりをしているか、そのことがここで問われる。だが、その問いは相変わらずここでの「思惟行動」（この表現は直感表象を強調しているが、一般的表現に換言すれば「書き行動」）のありようである。「思惟行動」という「直感表象」について、新たにここで特化しておく。

思惟と行動は矛盾する。この矛盾は、すでに述べたように「直感分析」や「直感表象」という矛盾に重なっている。だが、思惟と行動の矛盾のありようは際立っている。思惟は行動でなく、行動は思惟でないことの際立ちは、直感と分析、直感と表象の関係における差異の際立ち以上のものがある。思惟は「見えない」ありようをしているのに対して、行動は「見える」ありようを一つの存在条件としている。また、行動は「動く」をその本質としているが、思惟における「動き」はその対極にあり、その「見えない」ありようは同時に「静止（表象化）」を招き寄せている。

さらに行動の第三条件である「生きる」は行動を規定する絶対条件（「物そのもの」との絶対的差異）であるのに対して、思惟にとっては「生きる」は謎を含むありようをしている。「思惟行動」という「直感表象」が今こうして急浮上してきている「事」の内には、「物そのもの」との関係、「情覚」との関係、「意図（意味）」との関係で重要な契機が孕まれていると想定される。それは、あたかも既述の「散歩」において表象が没したり浮上したりしていることとのアナロジーを示している。表象が白日夢のものとなってしまえば、それはもはや私のものではない。そこに「動き」がなおあるとしても、それは私に属している「動き」ではない。その証のように、「散歩」において私の足は足自身のありようで歩きつづける。それはまさに行動である。思惟が排除されているかぎりにおいて純粋な行動である。その際、表象は表象で別の場に属している。表象は一つには「世界」に属している。「世界」の動きが表象の動きである。そこにそのような「動き」があるかぎりにおいて、そこに「方向性」が属し、そこに「方向性」があるかぎりにおいてその「動き」は「でたらめ」ではない。ここで現に今働いている「情覚」は、私の指としての働きのありようをしている。「身体」が外と向き合うありようと「表象」が内と向き合うありようとが互いに交差している。

第二章　対人的行動と直感

直感にとっての行動は「自己」と密接であり、行動を規定する最大のものは「自己」である。前章において確認されたとおり行動を支える条件は三つあり、その三要素とは「生きる」「動く」「見える（外から、以下同じ）」であり、そのうちの一つが欠けてもそれは真の行動ではない。だが、この規定によってでは動物の行動もまたこの範疇に入ってしまう。このこと自体が人間の行動と動物の行動の近接性を示しており、本論の立場からは、その共通性とは「根源直感」の存在であるととらえられている。そうであってもこの二種の行動には越えがたい決定的な境界がある。

動物における直感は、それがあるにしても「根源直感」にかぎられている。「一般直感」は人間にかぎられるが、それは人間に「自己」が属していること、換言すれば身体とは別に「心」が属していることによっている。動物は言葉そのものを発することはできないし、人間との差異について異議を唱える術もない。そうであっても、なお動物は行動を取ることはできる。この「事」は前記のような差異の決定性を際立たせれば際立たせるほど重要になる。行動とはそもそも何であり、どのようにしてあるかが改めて問われるからである。動物の行動は「生きている」証であるし、現にそれはいつでも多かれ少なかれ「動いている」し、また人間が見るかぎりにおいて「見えている」。

動物の行動には人間の行動と比べて何が欠けているのか。この問いに答えることは一見簡単に思えるが、実はそうではない。前記した述べ方では「自己」や行動とはそもそも何であるかが問われるし、その説明はこれまで十分行われているわけでもない。直感自体が今もなお分析されている途上にあることからすれば、当然「事」の全体がまだ明らかになっていないし、「自己」や言葉のありようもまだ明らかになっていない。それで今現にこうして「直感が直感を分析する」が前に進んでいる。人間と動物の行動の差異が主題化されて本章での思惟がこうして始まっている。人間に固有な行動の典型的なありようを取り上げて、そこで働く直感を直感によって踏査してみるよりほかに方法はない。

人間にとっての行動の第一の典型的なありようは、人間と関係をもつありようの人間の行動である。この命題に前記の「自己」を近づけてみれば、「主体」の方の人間が「自己」であり、「客体」の方の人間が「他者」であると改めて知らされる。「自己」が「他者」を呼び寄せている。実際、「自己」とは「他者」であり、「他者」とは「自己」である。このような置き換えが可能であるのは、それが単に表象でしかなく、そこに「生きる」がないこと、換言すれば行動がないことによっている。人間の行動のありようがあって始めて「自己」は「自己」となり、「他者」は「他者」となる。人間が他の人間との関係で行動を取るとき、「自己」は始めてのように「自己」となり、また「他者」は始めてのように「他者」となる。

他方、動物、たとえば猫が他の猫との関係で行動を取るとき、人間の場合とは別のありようが行動との関係で生じる。その場合、その「自己」がどうであれ「自己」は始めてと言うようには「自己」になりそうもないし、同様に「他者」は始めてと言うようには「他者」になりそうにもない。関係としての自他の間に何らかの「差異性」なり「同一性」なりがあって、その際立ち（敵対性、親密性）が改めて「自己」を「自己」とし（猫の場合、その仮想上の「自己」が何を意味するかは謎だが）、「他者」を「他者」とする。猫が他の猫との関係で行動を取ることは、人間が他の人間との関係で取る行動とは違って、行動としての本質的な意味が希薄であるととらえられる。猫同士の自他のあいまいさが猫の行動の本質的な意味を特別なものにし、とらえがたいものにしている。猫は当然のことながら「自己」や

「他者」である前に猫であって、互いに互いとの関係で行動を取る場合でも、通常的にはそこに「自己–他者関係」が際立つわけでもない。餌や性などのことで互いの関係が生ずるときにのみ「自己–他者関係（その際の「自己」と「他者」の意味は謎だが）」が際立つにすぎない。

動物においては「自己–他者関係」よりも「自然的関係」が優先されている。そのことが行動のありようにも影響してきている。行動が身体と密接であることが、このような事態を招き寄せている。そのありようが「根源」としての直感のありようである。「人間（自己）」にとっては「人（他者）」との関係が「一般性」としてあり、直感のありようを「一般性」として特徴づけている（一般直感）。他方、動物にとっては「自然」との関係がその直感のありようを特別なものにしている（根源直感）。だが、その場合人間と動物の異種の行動のありようを直感のもつある種の働き（根源直感の働きと想定される）が共通にし、一つにしている。

人間の場合には「人工性」に紛れた直感（一般直感）があり、動物の場合には「自然性」と一つになった直感（根源直感）があるととらえれば分かりやすい。本書の直感論の立場からすれば、「人工性」は直感の要素としての「自己領域」に属し、「自然性」は直感の要素としての「根源領域」に属している。直感がこの二領域を一つにしている。本書で主題化している直感が一般直感のことであることからすれば、直感の主題下で行動的側面に焦点を当てる際に第一に取り上げるべきは、人間が人間との関係で特徴化する「自己―他者関係」としての行動、つまり「対人的行動」である。以下、その線に沿って考察を進めることとするが、その手始めとして「自己」としての人間が「自己」としての人間に向き合う状況を取り上げることにする。それこそが本論の基本的姿勢であり、「直感が直感を分析する」の主軸である。

第一節　自己行動――「身体的自己」――

「自己の行動」とは、換言すれば「身体的自己」のありようである。行動が既述の三条件を指し示していることにそのことは如実である。「生きる」「動く」「見える」は単に行動の三条件であるばかりか、身体にとっても共通する条件である。ただし、厳密に述べれば、身体の場合、行動の三条件のうち完全に満たされているのは「見える」の条件のみである。

身体は、たとえば衛兵の姿勢のように一見動かないこともありうるし、「死体」と言うことになればそれ自身では微動だにしない。「死体」は身体の一つのありようをし、「作用」の観点からすれば「死ぬ」は「生きる」の一つのありようだが、それは「生きている」そのもののありようではないし、「死体」は当然のことながら生きてはいない。

本節の「直感が直感を分析する」はこうして始まるが、その進み行きは「自己の行動」についての「思惟」の展開のありようをしている。そのようなありようのうちに私の「自己の行動」のありようが属していて、その行動に私の身体の一つのありようとして指のありようが属し、その指が指自らの行動の動きについて「思惟」し、その「思惟」に寄り添う指がワープロのキーを打つことによって文字の連なりを残しつづけている（この「事」の内で、〈そのつど前後する「時間」〉が〈そのつど固定された「空間」〉と交差している）。

この「思惟」自体は行動ではないが、筆者の指がこうして行動を取るまえに「思惟」はすでに始まっている。そうでなければ、指はその行動を取ることはできないであろう。直感はそのような「事」の内で今現にここで働いているが、この「事」の明らかな確かさは、今現にこのようにして私の指がそこにすでにある「思惟」と一体化していないかぎり瞬間的に没して「姿」を消してしまう。そこに残される「明らかな確かさ」は直感のありようとしてある。

私の「自己」としての行動のありようは今現に私の指としてその束の間のうちに歴然としてあるが、そのありかは今現にこのようにして文字にしてしまうかぎりにおいてそのうちに没してしまう。それを掬い上げるには直感をこうして働かせつづける以外に方法はないが、そのかぎりで「直感が直感を分析する」は「明らかな確かさ」でそこにある。この「明らかな確かさ」は私の指としての「自己の行動」に寄り添い、私の「生きる」がここにあるかぎり文字の出現としてどこまでもつづく。私の「生きる」がないかぎり私の指としての「自己の行動」はありえず、その場合には文字がその代替のようにして跡に残ることで終わる。その際、ここでの進み行きは没してなくなり文字として固まり、「他者の行動」つまり「生きている他者の目の働き（読む）」の可能性にゆだねられ、その「読む」が現実化する「事」の内で別のありようの進み行き、つまり私の指の「自己の行動」の足跡としての文字が読まれるありようの進み行きにバトンタッチされる。

私の「自己」が今現にこうして身体（指）の「動く」を文字として残しつづけているのは、そこに現に一つの方向性（「意図」）があるからで、その方向性と交差するように別の方向性（「意味」）が生まれている。この「事」の内における身体（指）と文字の行き交い、「意図」と「意味」それぞれの出没、事象と表象のそれぞれの明滅が「情覚」の一つのありようとしてあり、それぞれの方向性を瞬時ごとに決めている。それが私の身体としての指の「生きる」ありようであり、今現にこうして指が動いてキーを叩くのが「見える」かぎりにおいて、私の指の「自己の行動」は今ここに現にある。

前記の「事」の「明らかな確かさ」をただちに掬い上げておけば、「意図」が身体（指）の方向を指し示し、「意味」が文字の方向を指し示している。この「事」の内で「身体（指）」と文字がともに「物」として浮上し、その「事」の内で「意図」と「意味」が交差している。「文字の意味」と「指の意図」がなければ、この「事」は前に進まない。

それでもなお「事」が前に進むためには〈自動装置〉の代替（たとえば、「白日夢」）を待つよりない。〈自動装置〉による「代替」のありようの一つは、「非自己」との関連である。「非自己」のありようが「超越」と「根源」の二要素から成ると想定されていることからすれば、「超越」に特徴的な〈自動装置〉と「根源」に特徴的な〈自動装置〉の二つのありようが想定される。「超越」と関連する〈自動装置〉は人間における〈自動〉であるかぎりにおいて「身体的自己」を指し示し、その際の「自己の行動」は〈自動〉という表象と事象を招き寄せる。また、「根源」と関連する〈自動装置〉は既述の「根源直感」のありようを指し示している。一つには動物における行動のありようとしてあり、今一つは「根源直感」として人間の行動（行動以外でも同様だが）における「一般直感」を支えているととらえられる。「自己の行動」はこのようなありようをしてあり、ここでの「思惟」がその「事」をとらえていること、つまり「直感が直感を分析する」という「事」は一つには行動としてあり、また同時に「思惟」としてある。これは特殊な「自己の行動」である。少なくとも、動物、たとえば猫にはありえない行動である。

前記の「事」の内に、人間に特徴的な典型としての「一般直感」のありようが動物（猫）に特徴的な「根源直感」との差異を際立たせて現れている。その差異の鍵を「自己」概念が握っている。換言すれば、直感を構成する一つの要素としての「自己」が、それ自身のありようを「直感が直感を分析する」という「事」の内において自ら名乗りを上げている。この「自己」は自らが名乗りを上げている「自己」であることによって、いわゆる「自己」（心理学的自己にせよ、哲学的自己にせよ、精神分析的な自己にせよ、一般的な自己にせよ、そのいずれの「自己」）とも違っている。その最も特徴的な差異は、この「自己」（自らここで名乗りを上げている直感の要素としての「自己」）は生きている「自己」であり、動いている「自己」であり、見える「自己」であることにある。端的に述べれば、この「自己」は実存概念である。本節の主題である「自己の行動」と「身体的自己」の二つの概念自らがこの「事」を明らかにし、確かなものにしている。「直感表象」が生きて、動いて、そこに見えている。その「事」は今現にここで進む「事」

の内に歴然としてある。

前記してきた「事」の内で直感のありようは「主体」としても「客体」としてもその確かさを明かしているが、その「明らかな確かさ」は瞬時ごとに没するありようをしていることもまたとらえられている。この「事」のありようは複雑であいまいであるが、その「事」を明らかで確かなものにする方法がまったくないわけではなく、「直感が直感を分析する」という「事」における方法がその「事」を可能にしてくれるはずである。

直感が直感として自ら名乗りを上げる「事」は、本論の進み行きの内のあちこちで現に起こって文字として残っている。そのような「事」のうちで明滅が無数にあり、「明らかな確かさ」はその「事」を現しつづけているが、そのつどそれを解く鍵は隠されたままになっていて、私の「自己」が〈行動としての思惟（直感）〉をとらえないかぎり没したままに終わる。その際、「鍵を見つける」が「指し示し」の「明らかな確かさ」をとらえる方法としてある。

鍵とは「扉」を開くあの「開け、ゴマ」のひと声の瞬時のありようである。その際の瞬時というありようは、「意図（開け）」と「意味（ゴマ）」の交差のありようのことである。それは単に行動のありようではないし、また単に「思惟」のありようでもない。「鍵を見つける」の「見つける」は「見える」を内に含んでいるが、同時に「見えない」もまた内に含まれている。そのありようが「意図」であり「意味」である。「意図」が「見える」を、「意味」が「見えない」をそれぞれ招き寄せている。それが「意図」と「意味」の交差のありようである。

前記の「思惟」の展開はそのまま次なる鍵を求めての進み行きなのだが、今ここで「意味」はなお見えないままになっていて、それゆえに「意図」が「事」を前に進ませている。瞬時の「見える」のありようが「見えない（没する）」のありようと交差し、「見えない」は「見える」を導き寄せようとしている。今ここで現に起こっている「事」とはそのような「事」である。鍵は潜在したままこの「事」を陰から告げてくれている。引き続き私の「自己」にはその鍵が何であるのかが見えてきていないが、この「事」の内で「ある」が先にあって、「何」は没したままになっている「事」だけははっきりしている。今ここで必要になっているのは、「立ち止まって省みる（帰り見る）事」だけである。「帰るという意図」と「見るという意図」がそれぞれ「意味」の欠落のままここにあって、「自己の行動」が「身体的自己」としての指を招き寄せ、「身体的自己」としての指が「自己の行動」を招き寄せている。「意味」はその「事」の内で眠っている。

前記の「事」の内に眠る鍵とは、「自己の行動」を単にここでの「思惟行動」から開放し、「一般行動」へと道を開くという指し示しに関するものである。その指し示しはここでの進み行きのうちにはっきりとあったものだが、進み行きのうちで没したままになって、その行方がとらえられないままに「事」が進んでいた。それが今こうして鍵として浮上してきて、「見える」と「見えない」のはざまにある扉を開くことが可能になり、今再び「事」はかつてあったままのありようにさらなる未知のありようを纏いながら、「事」をこのように前に進ませているし、進んでいる。

ここでの鍵とは、「思惟行動」と「一般行動」との差異である。前者の「思惟行動」は特殊行動であり、それは動物、たとえば猫における行動が特殊行動であることと対比している。だが、「思惟行動」は人間のみに限られる特殊行動であるばかりか、人間の行動としても、今ここで私の指が明らかにしているように「思惟」を前面に出している特殊な行動である。それは紛れもなく私の「自己の行動」であるにもかかわらず「特殊」である。端的に述べれば、「書く」行動は、「歩く」行動とは決定的に違っている。この「事」については「散歩」の主題下ですでに取り上げた。だが、散歩もまた、別の意味で特殊であることが、このような進み行きのうちで明らかとなる。「白日夢」がその進み行きのうちで浮上してきたのも単なる偶然ではない。その「事」における明らかな確かさとは、そこには「自己」のみがあって「他者」が欠落していることである。「他者」が欠落している「事」の内で「白日夢」が可能となっている。その夢を、別の機会に「他者」が見るわけでもない。その夢は「自己」の内に生まれ、「自己」の内に没して終わる。後で思い出すこともできないありようとして、それはある。

だが、前記のありようは単に「白日夢」に限られることではなく、夢一般の特徴でもある。だが、そうであっても「白日夢」は睡眠中に見る夢とは決定的に違う。この差異は、ここでの進み行き（本論の進み行き）にとって重要である。一つには、行動がこの二つの夢（〈白日夢〉と〈睡眠中の夢〉）を決定的に分けている。また、今一つには、「現実」との関係がこの二つの夢のありようにおいてそれぞれ特徴的に現れている。この「事」の内で、「自己の行動」は「現実」との関係を指し示し、新たな鍵の存在がそこで告げられている。その際、「自己のもの」としての特徴を希薄化し、自らあいまい化している。「白日夢」は「自己」における「行動」と「思惟」をその反動のようにして分けているようにとらえられる。他方、「睡眠中の夢」は何者かが「自己」に何事かを語ろうとしているようにとらえられる。前記の「事」の内で「他者」がさらなる鍵として浮上している。次節の進み行きは、その「事」のさらなる進み行きから始まる。

第二節　他者行動――「身体的他者」――

「他者」概念の出自は、「自己」が「自己」を省みる「事」の内にある。動物、たとえば猫に何らかの「自己」があるにしても、「自己」が「自己」を省みることはありえないから、そこに「他者」も生じえない。すでに述べたように餌や性のことが絡むときに「対立性」や「接近性」が表面化するが、厳密にはこれを「自他関係」と呼ぶことはできない。その際の行動は「身体そのもの」のありようになっており（「自然関係」）、その場合の行動は「根源直感」のみによって導かれるありようをしている。だが、このことを理由にして「根源直感」は「一般直感」より低位のものと見るのは当たっていない。「一般直感」は直感であるかぎりにおいて「根源直感」なしにはありえず、「根源直感」

は「一般直感」より根源のものである。このことからすれば、本節で「他者の行動」を主題化することは極めて人間中心的な発想であると分かる。今こうして考察の課題が「思惟行動」から「一般行動」へと変わる進み行きにおいて、改めて人間のありようを特化する必要がある。そもそも「思惟行動」と「一般行動」との差異の本質とは何であり、それがどのようにしてあるかが問われる。

この問いの解は、前節で見たとおり一見比較的明瞭である。端的に述べて、思惟が前面に出るか、行動が前面に出るかの差異である。だが、この言い方には条件があって、当然のことながら思惟が前面に出る場合には行動が後衛にあることが必要であり、逆に行動が前面に出る場合には思惟が後衛にあることが必要である。その際、主眼は前衛の方にあるのではなく、後衛の方にある。なぜなら、その「事」が問われているのは直感との関連であり、単なる表層としての心理や精神のことが問題となっているわけではないからである。現に、今ここでは「直感が直感を分析する」が進み、その「事」のありようが絶対条件となっている。

行動との関連で「根源直感」は動物一般に特徴的であり、このことは人間が動物の一種であるかぎりにおいて人間にも普遍する。だが、「思惟行動」を主題化するかぎりにおいてその「根源直感」は人間のありように限定される。しかも、その場合には思惟は単にあるのではなく、前面に出る。だが、この「事（思惟が前面に出る）」はそれが思惟であるかぎりにおいては自明であり、むしろここではその際の行動のありようの方に焦点を絞る必要がある。「思惟行動」は単なる行動ではなく、思惟における行動である。その際、思惟は「自己」の心のありようを示し、行動は「自己」の身体のありようを示している。前者はあいまいであるが、後者は明瞭である。

行動については思惟のことを共に問わなければ、身体と「動き」を一つにすることで足りている。だが、思惟については、単純に心と「動き」を一つにすればよいと言うものではない。心自体が身体のようにははっきりせず、そのような心を「動き」と関連づけることは雲をつかむようなものである。心をはっきりさせ、その上でそれに基づいて「動き」と関連づけるほかにない。その際心そのものがつかみどころのないことからすれば、すでにある他の関連概念を招き寄せ、そのうえで手がかりを探るよりない。それにふさわしい概念としては「自己」しか残されていない（「他者」はこの段階では生じていない）。

心は「自己」に属するものであり、身体もまたそれに属している。身体抜きの「自己」が心としてあるととりあえず言うことは可能である。だが、このような「自己」にも実体がない。思惟はそのような「自己」のありようの内で展開するが、この「自己」自体は実体が欠けているので、「動き」を自ら招き寄せることはできない。ここで要請されるのはもう一つの「自己」である。ここで前者の「自己」を仮に「自己A」と呼び、後者の「自己」を仮に「自己B」と呼ぶこととする。「動き」をこの二つの「自己」の相互関係のありように導き寄せることによって、そこに何か手がかりを探ってみることは可能である。

前記の「事」の内で思惟が行動との関係で主題化されているが、ここでの最終の主題は思惟とともにある行動の方にあることを確認したうえで、その場合の思惟とは何であるかが問われている。その際の補助概念として二つの「自己」が用意されてある。思惟とは〈思惟する「事」〉であり、この「事」の内には「思惟する自己（自己A）」と「思惟される自己（自己B）」がありうる。思惟そのものがこの二つの「自己」を関係づけている。すでにそこに「動き」もまたある。その際、「自己A」のありようは「自己が思惟する事」のありようとして明瞭である。問題は「自己B」の方である。「自己が自己によって思惟される事」とは何であり、どのようなものであるか、という問いが生ずる。さらに、そのような「事」における行動とは何であり、どのようにあるかが直感との関連で問われる。以下、その点について、ここでの「思惟行動」をしばらく前に進める。根源において「自己」が「自己」のありようについて思惟することは瞬時の展開だが、瞬時であればこそそれは「自己ただ一人で思惟する」「事」ではありえない。少なくとも、そこで直感が働く場合には「自己」と「非自己」がそこにあって共に働くありようをしていることが必要である。

前記の「事」における「非自己」の必要性とは、単に「他者」の必要性を述べているのではない。「他者」がいなくても思惟が可能であることは一般的に自明であり、むしろ思惟は一般に「自己」一人によるものととらえられている。現に今ここに「他者」はいない。この「事」については、すでに前節で詳しく取り上げた。だが、ここに「他者」がいる必要はないが、単にここに私の指があってワープロのキーを打ちつづければよいというわけでもなく、文字としての「意味」がここに生まれるのでなければ「思惟（とりわけ思惟行動の場合は）」は不可能である。「意味」が生まれる「方向性」と「意図」が生まれる「方向性」がここにあって始めて「思惟行動」が可能となっている。

前記の「事」は「自己」と「非自己」の「循環」「重畳」があって成立しているありようである（「自己」と「非自己」の相対化による「方向性」の成り立ち）。必要なのは「他者」としての「非自己」ではなく、「非自己」を相対化する「自己」であり、「自己」を相対化する「他者」としての「自己」である。この「事」が私の指の行動を可能にしている。それが行動と呼ばれるかぎりにおいてそうである。思惟そのものも根源的にとらえれば「非自己」（「自己」）を相対化する「他者」としての「自己」）を「他者」として必要としている。

前記の「事」の内に「自己」と「他者」の「循環」と「重畳」がある。このようなありようのうちに浮上してきた「他者ではないが、自己とも言えない自己」をここで特化し、「他者自己」と呼ぶ。「他者自己」には「他者」の身体はないし、あるのは私の「自己」の指が身体としてあるだけである。その指の行動を可能にする「非自己」が「他者自己（「自己」を相対化する「他者」としての「自己」）としてあり、その「自己」が非身体としてある。「循環」と「重畳」は、身体と非身体の間でも起こっている。その鍵を握っているのが直感の三要素の一要素としての「根源（空無）」である。

前記の「事」のありようにおいて「自己」の行動を可能にする「非自己」が「他者自己」のありようとしてあり、その延長線上に本節の主題となっている「他者の行動」が「自己の行動」に連携してある。本節の冒頭で述べたように「他者」概念の出自は単に「自己A」が「自己B」を省みる「事」の内にあるだけではなく、「他者自己」（「自己」

を相対化する「他者」としての「自己」）」をさらに相対化（二重の相対化）する「非自己」（ここでは「他者としての身体的他者」）」にも出自をもつことが明らかになる。

　本論では、「非自己」とは「自己」以外の一切のものと規定されている。その「事」の内に、一つで「全体」であるありようのものが「部分」の内に現れることが可能となっていて、今現に「直感が直感を分析する」が前に進んでいる。その「事」の内にある直感が、同じその「事」の内にある直感について思惟する「事」が、今こうして前に進んでいる（思惟行動のありよう）。その鍵を「非自己」が握っているが、前記の文脈の内に浮上してきている「他者自己」と「非自己」の関係を改めて問うておくことが必要である。

「他者自己」とは、すでに述べたように「自己を相対化するための他者としての自己」であるが、ここに現れる「他者」には身体が添われていないから実体はない。実体は「自己」の方にある。今ここで「思惟行動」が進む「事」の内で私の指が「自己」の要素としてあり、ワープロのキーが打たれつづけているが（「意図」）、同時にその進み行きの「方向性」が生まれていて、思惟がその「事」の内で同時に進んでいる（「意味」の合流）。「非自己」はその「事」の内で働いている。

　この「非自己」には実体がないが、それが「非自己」であるかぎりで「自己」と関係している。この「事」の内で「他者自己」と「非自己」が重なっていて、しかもそこに「動き」が生じている「事」の内で、「他者自己」と「非自己」が「自己」を鍵としてつながっている。ここで今現に起こっている「事」とは、そのような「事」である。その鍵を握っているのは「相対化」という新たな「意図」と「意味」を含む概念である（本論における概念は、そこに「非自己」が関与していることがとらえられるかぎりで、いつでも多かれ少なかれ実存の概念である）。「他者自己」とは「自己」を相対化するために求められるかぎりでの「自己」である（身体が欠落することがありうる「自己」）。他方、「非自己」とは「自己」と相対化して「直感」を成り立たせている「非」としての「自己」である（「自己」以外の一切のものであり、「自己」でないありようをする単なる「自己」であって、表象ですらない「自己」）。

前記の「事」の内に二つの「自己」が現れているが、思惟においてこの二つの関係を問うことが次に求められる。「自己が自己を思惟する」という命題の内で、「非自己」はどのようなものとしてあるのか、その「事」が問われる。

この「事」の鍵を、「思惟行動（たとえば、今ここで展開している行動）」における私の「自己」の指が握っている。この指は身体として私の「自己」に属しているが、それは同時に「物」として「非」としての「自己」、つまり「自己」でない「自己」にも属している。その「事」によってのみ、ここでの「思惟行動」は可能となっている。行動とは、この「事」の内では、当然のことながら私の指に関わるものである。それが「物」であるかぎりにおいて「他者」であるが、その指が私の「自己」に属しているかぎりにおいて「自己」である。「他者」が「自己」としてあり、「自己」が「他者」としてある。この行動の半分は「他者の行動」だが、他の半分は「自己の行動」である。

前記の「事」は、これまでの思惟の展開のありようにおいていつでも起こっていたことである。「散歩する」という行動そのものを視野に入れたときに現れた「事」は、そのような思惟の過程で派生したものである。そこで起こった「事」は、「思惟行動」が「自己」の「一般行動」を分析する「事」であったと分かる。そこで現れていた「自己」とは二重の意味で「他者」を含んでいた。一つには、今述べてきたように思惟における「自己」の相対化のための「他者」であり、今一つは行動における「自己」の相対化のための「他者」である（そのいずれをも「他者性」と呼ぶことができる）。

前記のような思惟を踏まえて、ここでの思惟の進み行きは、次のステップである「他者の行動」という主題に向けて初めて踏み出すことができる。この場合の「他者」とは「他者性」のことではなく、文字通りの「他者」であり、その行動とは文字通り「他者」の行動のことである。そこで働いている直感をその行動との関連でとらえることが次の課題となるが、これもまたこれまで同様険しい道行である。「思惟行動」から「一般行動」へと進み出るには、その中間領域のありようを探ってみるのも無駄ではない。すでに述べたように、「思惟行動」とは思惟を行動より前面に出すありようであり、逆に「一般行動」はそれが「一般」と呼ばれるかぎりにおいて行動一般のことであり、その場合思惟が行動を圧してしまわないかぎり「一般性」としては他のことは問わないでよい。たとえば、「運動」のありようにおける思惟と言うことであれば、その際の思惟は「運動」に圧倒され、消えてしまわないにしてもかなり限られたものになってしまう。

前記の「事」は思惟と行動の二つの指標から導きだされるものだが、その中間領域もそこに広がっている。これもすでに述べたことだが、「散歩する」における思惟は、場合によっては「白日夢」にまで発展する。「白日夢」がそれを単に「思惟行動」と呼べないのは、（先の文脈の内に戻して述べれば）「自己」と「他者」の相対化の作用が不全をきたす「事」によるととらえられる。「白日夢」の内に思惟があるにしても、「自己」が「他者」となるありようや、逆に「他者」が「自己」となるありようが混在し、その場合の「他者自己」もあいまいになる。その場合には思惟は身体から離れて心へと近づき、半面身体はその動きを行動として純化する。端的に述べて、そこでは思惟と行動の分裂が起こり、思惟は「夢」と呼ばれるにふさわしく主体としての「自己」を失い、それに伴って「非自己」は壊れて「超越」と「根源」の二つの要素へと分散する。「白日夢」は「思惟行動」の一つであるにしても特殊である。だが、「白日夢」を「歩きながら考える」と言いなおせば、とたんに一般へと近づく。そのありようは哲学者には一般的であり、哲学者でなくとも歩きながら考えることは誰もがすることである。それは思惟と行動の二つの指標を組みにしたありようをしており、偏りの少ない中間的なものと言える。

「歩く」という一般行動に「思惟する」を重ねたありようが「歩きながら考える」だが、前後を逆にして「考えながら歩く」に変えても差異は少ない。だが、この「事」に直感を近づけると事態は変わる。「歩きながら考える」はいかにも直感らしいありようをしているが、「考えながら歩く」となると直感は「考える」と「歩く」の間に没してしまい、直感のありかはあいまいである。「歩く」という一般行動が、その差異の鍵を握っている。この「事」を直感の観点から換言すれば、次のようになる。

「歩きながら考える」とは「歩く」という一般行動の内における「思惟する」ありようのことであり、「歩く」が「思惟する」を助けるかぎりにおいて一種の思惟行動である。他方、「考えながら歩く」は、第一義的には「歩く」という一般行動としてあり、「思惟する」がそれに付随するありようをしている。行動が前面に出て、思惟が後衛に退くありようを一見示している。だが、単純にそうとも言えないのは、ここでの「思惟する」が一般行動としての「歩く」から独り立ちしているようにもとらえられるからである。現に、その果てに「白日夢」が控えている。

前記の「事」の内には行動が思惟の内に没するありようと、逆に思惟が行動の内に没するありようが見て取れるが、事象としては主となるのがどちらであるかによる差異があるにすぎない。その際、直感はこの二つのどちらにも与しないありようを取り、単にどちらが主であり従であると言って済むありようをしていない。直感の一要素としての「自己」は、一方において身体として「歩く」を指し示し、他方において心として「思惟する」を指し示しているが、その「事」の内で自らのありようを明瞭に現している。だが、これとは逆の組み合せも想定でき（「身体」と「思惟する」、「心」と「歩く」）、その場合には直感の一要素としての「自己」の下位要素間の異種性が際立ち、前者において身体は「思惟する」とは融和しがたいありようを示し、また後者において心は「歩く」とは融和しがたいありようを示している。前記のどちらのありようも直感の働きのありようととらえられ、その際それぞれのありようで「非自己」がどのようなありようをしているかが問われる。

「思惟行動」と「一般行動」の間には前記のような中間領域が控えているが、この中間領域にはまだ「他者」概念が明瞭に現れていないことで、それ自身特殊な中間領域である。それぞれの行動は「自己」の内側のものととらえられている。それゆえに引き続き思惟が絡み、「思惟行動」という概念が引き続き居座りつづけ、一般行動との差異を示しつづけている。そのことによって、ここで一般行動と呼ばれている行動もなお特殊でありつづけている。この一般行動は「自己」の内側からとらえられている特殊行動である。だが、行動が直感との関連で問われているかぎりにおいては避けては通れない道であり、すでに述べた「直感表象」という概念がその鍵を握っている。「直感表象」とは、「表象」と呼ばれていながらも単純に外に立てられるありようのものではない。今現にここで新たに生まれつづけている「表象」はそのようなありようをしており、それが自己領域から引き継がれる「知」としての「表象」でなければいずれも「非自己」の影響をこうむっており、それゆえ「直感表象」になりえている。「外」からとも「内」からともその出自を定めがたいありようをする「表象」のありようである。

行動を支える身体は、すでに述べたようにその半分は「物」としてのありようを担っている。そのかぎりで「外」との関係を第一義にしており、改めて本書の主題が「行動（直感との関連での）」であることからすれば、まだ進み行きは行動の周辺、あるいは出発点をうろついているにすぎない。だが、それが直感との関連であるかぎり必然であり、直感についてはは「根源」を論ずるのでなければ意味がない。本論で直感が「心の根本機能」と定義されているゆえんもまたそこにある。だが、これまでの進み行きで「外」が介入していないわけではなく、私の指については、いつでも私に見えるありようをしていて、この指は表象性を帯びる場合でも、いつでも私にはその「物」性を確認できる（見ることができる）ありようをしてあった。私の「自己」の一部（指）はいつでも「物」として確認できるものとしてありつづけ、それがここでの進み行きの鍵を担っていた。だが、ここからは事情は違ってきている。私の指は、それが身体としての「物」であるかぎりにおいては、どのように操作しても「他者の指」にはなりえない。したがって、「他者の行動」をここで確認するすべはなくなっている。そのようにしたければ、ここでの進み行きを中断して、たとえば街へ出るなりしなければならない。その場合の「中断」は、これまでここにいくらでもあったあの「中断」ではないし、日を改めて再びワープロの前に座るあの「中断」でもない。

「他者を見る」はあくまでも「他者を見る」であって、その「事」の内に「直感する」があっても、それは「見る」を前提とする「直感する」である。これはすでにして特殊な直感のありようである。だが、この「事」の内に意味がないわけではない。「街に出て他者を見る」は一つの行動のありようをしていて、そこにこそ私の「自己」の行動は明らかな確かさであり、それはすでに触れた「散歩する」と同列の行動がここでの「進み行き」の必然として生ずるありようである。だが、私はまだその「事」を行動としては取っていないし、その「事」をこれからもするつもりもない。それは「調査行動」あるいは「観察行動」であり、「直感が直感を分析する」とは別のありようのものである。ここで求められている「外」とはそのような「外」の「事」ではない。

前記の方法のありようは「科学」の取る態度であっても、「直感分析」の取る態度ではない。「直感」は身体を含みもつにしても、身体を「外」として純化してしまうありようをしていない。むしろ、「直感」と言うことであれば、そこに身体は心とともにあることが本来である。すでに述べたように、人間を他の動物から分けるありようで人間に心が属しているが、その「事」に人間の身体が心とともにある「事」は明らかである。

その場合、「根源領域」的にはともあれ、「超越領域」および「自己領域」的には心は身体と同列ではありえない。どちらが欠けても人間の存在は成り立たないが、人間を人間らしくさせるのは身体の方ではなく、心の方である。ここでの進み行きがこのワープロ（もちろん他の器具でもよいが）から離れがたいありようをしているのも、心が身体に優位に立つありようをしているからであると改めて分かる。身体の内で指のみがかろうじて鍵（身体の代表として「思惟行動」に参入する）としてここにあるが、その指でさえ思惟の展開そのものの内ではその姿を消してしまう（「見えない」）。このような文脈を参照にすれば、ここでの進み行きの延長として街に出ること（「他者の行動」を見ること）がここでの進み行きの本意になりえないことも明らかである。そのような「意図」はここにはありえない。だが、この「事」の内にはすでにして一つの重要な指し示しが潜在している。その鍵は「他者の行動を見る」であり、「行動を見る」であり、「見る」である。この「見る」は行動の三要素（「生きる」「動く」「見える」）を改めて浮上させ、「見える」を指し示す。

行動は見えるのでなければ、それ自体としては成り立たない。本節のこれまでの進み行きにおいては、行動を主題にしながらも行動として見えていたものは、繰り返しになるが私の指関係の身体以外にはなく、それに付随してワープロの画面上に現れる文字が行動の代替のようにしてあるだけであった。前者は私の「自己」の「意図」を担い、後者は画面上の文字の「意味」を担っていた。そして、今も現にそのような進み行きのありようはつづいている。このありようにおける「見える（見る）」は、行動との関連では極めて特殊であり、かぎられたものである。その行動は「自己の行動」にかぎられるだけではなく、指の行動にかぎられている。しかも、その場合の「意図」は行動そのものにあるのではなく、文字の進み行きの方を主として指し示すものである。この「意図」は「意味」に溶け込むありようをしており、実際そこには行動はもはやなく、「行動を見る」はないし、「行動が見える」もない。この「事」の内に「自己」の行動は見えない（部分的にたとえば指や手を見ることは可能だが）が副次的に現れている。たとえば、「他者」がワープロのキーを打つ行動においては、その行動を見ることは全的に可能であり、その行動は全的に見えるありようをしている。それが行動と呼べるかぎりにおいてそうである。その「事」における思惟や文字のありようがどうであれ、とりあえず行動にとっては関係ない。行動（身体）にとっての「自己」と「他者」の差異が、「見る」を鍵にしてこの「事」を招き寄せている。その「事」が直感とどのように関係するかが、今ここで問われてきている。

直感にとって「見る」が極めて重要であることは、ここで改めて述べるまでもない。一般的に述べて、「見る」の本質には「感じる」と「知る」の二つが溶け込んでいる。だが、そうであっても「見る」は直感にとって絶対ではない。「見る」がなくとも直感の働きが消えてしまうわけではないし、「見る」に代わるような働き（他の感覚）で補完すれば、直感にとっては「事」は済む。たとえば盲目の天才ピアニストの例を挙げるだけで、その「事」は明らかである。だが、そうは言っても行動が主となっているここでの進み行きにおいては「事」は単純ではない。

本節の主題である「他者の行動」はこうして始めて本論の進み行きに登場する資格を得るが、単に「行動」と言えば自他の区別のない「人間の行動」であることからすれば、行動に自他の区別を強調することは特殊である。「人間の行動」という一般的な述べ方自体に潜むある種の特殊性が「人間の行動」の一般性に自他の区別を迫るというパラドックスがここに生まれている。

「人間の行動」と述べるときその行動は誰々の行動ではなく、また「自己」や「他者」それぞれに限られる行動でもない。人間一般の行動である。だが、これを直感との関連でとらえようとすると、とたんに事態は複雑になる。その鍵は視点の移行にある。端的に述べて「外」と「内」が重要な鍵を握る。ただでさえ行動は身体として「外」のものであるから、行動を主題化すればこれまで繰り返して述べてきたように「見る（行動を）」がその前面に現れるが、その場合「見る」の視点は「外」からなのか「内」からなのかが問題となり、加えて行動を「外」として見るのか「内」として見るのかも問題となる。単なる「見る」は通常「外」から「外」を見ることであって外性をその本質とするが、直感がそこに絡むかぎりそのありようは身体に心が絡むことになって複雑化する。その場合の「見る」は単に身体占有のものではなく、同時に心の関与するものともなり、その「見る」はもはや「外」からとも「内」からとも言えず、また「外」としてとも「内」としてとも言えない。「自己」の一般行動と「他者」の一般行動は、そのいずれもが一般行動であるにもかかわらず前記したとおりそれらを同一に扱うことができない。それらがともに人間の一般行動であるとすればそこに大きな差異はない（科学的方法によれば）はずだが、その差異のなさを明らかにするために直感を働かそうとすると、とたんに「自己」と「他者」がそれぞれ方法としての直感に異議を唱える。「自己の行動における直感のありよう」と「他者の行動における直感のありよう」を私の直感が分析することで決定的な差異が生じてしまう。

ここにある方法としての直感の働きには私の「自己」がその要素として参画するが、「非自己」としての「他者」

も また「自己」以外の一切のものの一つとして参画し、「他者の行動における直感のありよう」の分析のための資料をもたらす。この場合の直感分析のありようは方法として極めて複雑である。その複雑さには、前節で「自己」の一般行動としての「散歩」を分析したときの「事」以上の「事」が加わっている。だが、そこでも「直感表象」が鍵を握っているであろうことは予測がつく。「自己」と「他者」の二種の「散歩」における直感の働きのありようを直感が分析する「事」になるとすれば、その二つの「事」のアナロジーをつなぐ鍵は「直感表象」以外にはありそうもない。「他者」の行動は私の「自己」にとって外にあり、その内に入るためには私の「自己」と相対化する「非自己」をもってするよりなく、そのような働きこそが方法としての直感であると分かる。

前記のような働きの直感のありようは、「他者」の行動において働いている直感の要素としての「非自己」への循環と重畳のありようと想定される（「直感作用」）。そこでとらえられるのが「直感表象（想像作用における表象ではない）」である。だが、その場合には私の「自己」自身もまた私の直感の要素として同時に働いており、「他者」の行動を身体の動きとして見ており、この「見る」には「感じる」のみならず「知る」も属していて、それが「他者」の行動の「意図」と「意味」をともに私の直感に「自己」経由でもたらす。

私の「自己」は前記の「事」の内に「他者」の行動の「意図」と「意味」をとらえる。しかも、この「自己」は「非自己」と相対化しており、その「事」の内にも循環と重畳があって、単に「自己領域（事実領域）」にかぎられる「意図」や「意味」以上あるいは以下のものが私の直感にとらえられる。このようにしてとらえられた「意図」と「意味」には「自己領域」以上（超越領域）あるいは以下（根源領域）のものが加わりうる（「直感作用」）。「他者」の行動は私の「自己」の直感にとってはそのようなものとしてある。その「他者」の行動のありようは私の「自己」の行動のありようとは互いにその差異を際立たせており、それは単に「自己」そのもののありようの差異（パーソナリティーの差異）のみを意味しておらず、その「自己」と相対化する「非自己」の差異も際立たせ、私の「自己」は「他者」の直感のありようと私の「自己」の直感のありようの差異をとらえる。

ＴＡＴ（絵画統覚法心理検査）の創案者であるマーレーは個人の行動傾向（「人格」）をとらえる方法としてこのテストを作ったが、その際の行動を心理学的枠内で最大限に拡張して考えていた。そうであっても、それはあくまでも「他者」の行動にかぎられる。その際、検査者の方の「自己」は「検査する」と「解釈する」にかぎられ、その他のありようの「自己」は排除されている。と言うより、検査者と「自己」はもともと同一であるととらえられていて、その「事」をあえて断る必要も生じていない。

前記の「事」の内で被検者にせよ検査者にせよそれぞれの直感は働いていて、それぞれの「非自己」もそこに属しているはずだが、マーレーの拡張的心理学の理論（「空想作用における表象の実在化」）では、個人の行動傾向はその個人の空想作用における行動傾向と同一化される。ただし、その場合には身体的要素（脳の働きやその他の力動）が別の経由（「自己領域経由」）で加味され、「自己」は「他者」と相対化されるが（たとえば検査者と被検者として）、「非自己」全体とは相対化されていない（「自己」は「生きる」そのものとはなりえていない）。つまり、「空想する」と「行動する」が重ね合わされているが、そこに生ずる表象はどちらも「生きる」そのものから離れた「一般表象」であることで終わっている（「自己」がそうであるかぎりにおいて）。

だが、マーレーがＴＡＴで「他者」の行動傾向をとらえようと「意図」し、「意味」を見いだしているかぎりにおいて、そこに「他者」の行動はある。すでに述べたように、たとえば街に出て直に「他者」の行動を「見る」こと（「行動観察」）によるのでなければ、マーレーの方法はテストとして有効である。またその実施は比較的簡便でもある。そこには少なくとも被検者の「見る」が「図版の絵を見る」としてあり、その「見る」に合わせて「短い物語を話す（空想する）」があり、この二つが「生きる」に重なっている。行動の表象はそこに現にあり、その場合の行動が現実における「行動する」と同一であるとする理論が適切であるかぎりにおいて「他者」の行動はそこに現に表象としてある。

TAT検査の実施において「他者」の行動は一つには絵の表現内容としてあり、その証として被検者の「絵を見る」があり、「他者」と同一化した被検者の「空想しながら話す」が「動く」と「生きる」としてある。そのことによって行動が成り立ち、「他者」の行動の把握が被検者、検査者それぞれの「自己」のものとなる。前記の行程内に直感はいつでも働きつづけていると私の「自己」にはとらえられるが、マーレーにとっては被検者と検査者とマーレー自身の三者の「自己」があるだけで足りている。「自己」経由で脳科学的知識や無意識やその他の諸々の知識が後から解釈として動員される。このように「事」が終わってから解釈として知識や表象が加わることは分析としての基本的なありようであるが、直感分析のように「事」の起こりとして生ずる重畳や循環の作用とは決定的に違っている（「一般表象」と「直感表象」との差異）。事後に加わる表象はすでにある表象を超えたり没したりするありようを排除しており、むしろすでにある表象を強化することによって自らを新たにあらしめる以外にはない。たとえば、TAT検査の被検者の反応には活発に空想して話しつづけることがままあるが、その場合には「空想する」と「行動する」の二重の「生きる」が現実の枠から解放されて一人歩きし、反応として冗舌が特徴化することがある。その場合には、行動傾向の病的ありようでありうるので吟味が必要となる。

前記の「事」を広く社会や世界との関連に敷衍して述べれば、既存の表象に準拠する仕方の極端な広がりが文明の加速度的進み行きを促し、新たな表象がそれ自身の根をもたないまま「非根源的（根のないありようの）歪み」を派生させることがままある。その場合には、それは文化的、文明的発展の病的ありようでありうるので従来の主導的指針の検討が必要となる。

第三節　自己・他者行動――「対人関係」――

「自己」と「他者」が内的に結びついているのでなければその関係の主役は身体となり、互いの関係は必然的に外的なものとなる。その「事」をさらに極限化すれば、物と物の関係となり、それ自体としてはなんら不思議でも複雑でもなく、そのありように物理学を招き寄せれば、人間学と物理学の間の両立しがたい背反性の壁は薄くなり、人類長年の懸案問題の解決も夢でない新たな様相を見せてくれる。だが、それはそのかぎりのことであって、前記の相対関係には物のみがあるのでないことも自明であり、そこに心が加わるだけで事態は一気に複雑化するのも前節で見たとおりである。そうであっても、ここでの「事」が新たな様相を示していることもただちにとらえておかなければならない。物に心が加わることで事態が混迷化することはこれまでの進み行きでも繰り返し出てきているが、そのことに本論の主題である直感を絡ませたとき事態はどのようになるかはまた別問題である。このことがここで新たに問われている事態の新鮮なありようを示している。

今ここで始まろうとしていることはさらなるあいまいさと複雑さを予想させるが、ここでもなお直感が行動との関係で問われている文脈を省みれば、そのことの内に何らかの明らかさと確かさが浮かび上がってくる期待も生まれる。前節までの進み行きにおいて前記の問いがことさらはっきりと浮上してきていないのは、私の「自己」の直感のありようがこれまで前面に出されて展開してきたせいであるが、その意味では本節で初めて主題として「自己・他者関係」が対人的ありようとして特化されたことのもつ意味は大きい。

「事」はこれまでのように私の「自己」を単純に優先させるだけで足りるものではなくなり、また「他者」が単に私の「自己」と相対化するだけで足りるわけでもない。主題が「他者の行動」であるかぎりにおいて、ここからは「他者身体」のありようが私の「自己身体」のありようと向き合うこととなる。それは新たな領域に進み出ることを意味し、事態は直感にとっても行動にとっても未知のありようをして現れてきている。

いま「他者」が私の「自己」との関係で身体ともども現れてきている意味は、これまでの進み行きを決定的に新たな方向へと導く。「意味」と「意図」はこれまでとは違って半ばであれ全的であれ外から訪れてきている。その反映は当然のことながらここでの文の進み行きにも影響を与えてきていて、単に「意味」や「意図」のありようにとどまらず、言葉そのものにも新たな方向性が求められている。言葉は単に私の「自己」の思惟のありようを示すだけではなく、また単に「他者自己」への語りかけを意味するだけでもなく、「他者」と共有される思惟あるいは「他者」との差異性を刻む思惟の必要性をもって迫ってきている（「対人関係」の根源）。

前記の「事」をひとまずここでまとめておけば、行動との関連（それはまた直感との関連でもあるが）で「自己・他者関係」が主題化されるとき、それが行動のことであるがゆえに身体が前面に出ることが必然となり、そのことによって外性が特化され、もともと「直感が直感を分析する」が内性を特化していることと絡んで新たな複雑な状況が招来されている。すでに触れたように、前記の「事」において外性を強調すれば「物的身体」が特化され、他方内性を強調すれば「心的身体」が特化されるが、その共通項としての身体が更なる「自己・他者関係」を特化することとなる。この「事」の内で働く直感のありようが外と内の二領域を循環し、重畳する。この関係はもはや「物同士の関係」ではありえず、「人同士の関係」となっている。

前者の「物同士の関係」を取り上げるには、そこに人が加わるのでなければ「事」は成り立たない。物理学はその一つのありようを示している。「人同士の関係」が「物同士の関係」でありえないことは人に心が属していることによっているが、心はもともと外としてはありえないから、外を問題とするかぎり「人同士の関係」は「物同士の関係」に重なっている。直感はこの「事」の内にある複雑さを、いま一つの働きである循環に託すことで解消している。問題は内のこととなるが、人に属する内性となれば心のこととなる。しかし、物そのものに心は属していないから、そこに内性はない（「人の関与」の必要性。たとえば「物理学」）。物理学への人による関与の主たる方法とは数字である。「物同士の関係」および「人同士の関係（対人関係）」を成り立たせるために数字が直感の二作用である重畳と循環を招き寄せている。この「事」において「人同士の関係（対人関係）」は「物同士の関係」に何をもたらせばよいかが問われるが、その解は「言葉（表象）」である。実際、「物同士の関係」を成り立たせている数字は一種の表象であるし、物に与えられる「命名」のこととなればそれは表象そのものである。このような二作用のありようこそが重畳（「命名」）であり、循環（「数式」）であると分かる。

「人同士の関係」においては行動を主題化すれば当然のことながら身体が前面に出るが、人が単なる物でないかぎりで、その関係を成り立たせているのは数字ではなく言葉である。現代文明が数字によって主導されて言葉が取り残されるありようで特徴化してきていることは、すでに述べたTAT心理検査における異常反応（たとえば過食症における反応過剰）との相似にもうかがえている。そこでは空想による現実枠の除去が「身体」の欲求の代替を「言葉＝心」が引き受けているが、機械先行の現代文明においては数字が言葉を抑圧し、現実枠内の世界で「言葉（心）」は数字によって窒息する体を示している。数字は数字であって言葉ではなく、人と人を直接つなぐのは言葉であって数字ではない。

直感にとっての「自己・他者関係」領域の行動については、前記の視点からとらえるのが適切である。その際、依然として言葉が導きの糸となっている。思惟であれ行動であれ、直感にとって鍵になっているのは依然として「意味」であり、「意図」である。ここでの進み行きが思惟から行動へと向かっていることの内には、「意味」から「意図」への重心の移行も示唆される。だが、そうであっても対人関係を成り立たせている主役が言葉であることに変わりはない。むしろ、対人関係ということであれば、言葉は主役以上のものであって、その関係における本質である。行動が主題化されているにもかかわらずそうである。人と人が向き合えばそこに二つのありようの直感が出会い、それらが循環し、重畳するはずだが、その関係は「非自己」が主導するありようをしていて、それを「関係」と呼ぶにはそれこそ心もとないありようをしている。

根源直感を「生」の本質としている動物、たとえば猫であれば根源直感による猫同士の関係はそれだけで十全の働きが現実のものとなるが、「人同士の関係」では根源直感だけでは不十分である。自己・他者関係のこととなれば単に心もとないだけでは済まず、その結果は互いに互いのありようを見過ごして、ただすれ違うなり離れるなりすることで終わる。目と目が向き合って、たとえば互いに一目惚れするような出会いは現代では遠い神話世界のことでも思うよりないであろう。そこには単に言葉の欠落という事態があるのではなく、数の論理（数式、計算）が自己・他者関係を成り立たせているという別の「事」が潜んでいる。

自己行動と他者行動は現代ではそこに何らかの関係が成り立たないかぎりで言葉は交わされず、言葉が交わされないかぎりですでに計算によって規定されている（「情覚」の欠落）。とりわけ現代的対人関係では言葉は重要な鍵を握っているが、言葉そのものが現代社会、現代文明の影響下にあって特殊化している。すでに述べたように数字と物が現代社会、現代文明を特徴づけていることは一目瞭然であって、その明らかな確かさの反映のように言葉と人それぞれの影の薄さが明らかで確かなものとなっている。言葉そのものが数字化し、人そのものが物化している。

社会における人と人の出会いが濃と淡へと解離し、文明における文化が明と暗へと解離している。人は物へと逃げ込み、物は人を吸収する。言葉は数字へと逃げ込み、数字は言葉を吸収する。物へと逃げ込んだ人は行動を解離させて物の理を開放し、心は路頭に迷う。摂食障害は現代病理の象徴的現れとなっている。解離とは本来補完し合う二つのものが離反して互いに自らを欺瞞するありようである。この事はそのままここでの文脈の進み行きにおける「物」

と「心」、「身体」と「心」、「行動」と「思惟」、それぞれのありように反映している。このことを解く鍵が「自己」であり、「他者」であり、直感である。

これまでの進み行きに従えば「自己」は「非自己」と相対化するかぎりにおいて直感を成り立たせているが、その際「他者」はどのようなありようをしているかが問われる。「他者」は「他者」として「自己」であるが、「自己」にとってはただの「他者」である。「相対関係」はこの「事」の内にあり、「自己」がその鍵を握っている。「他者」はまた「自己」にとって「非自己」であるが、「非自己（他者）」としては「自己（相対化）」である。その鍵もまた「自己」が握っている。この「自己」が「相対関係」をまたぐ（「生きる」）かぎりにおいて直感は可能となっている。現代は前記の「事」の内にその特徴的ありようを示している。「生きていない」が「生きている」のありようをし、「生きている」が「生きていない」のありようをしている。換言すれば、物性が人性のありようをし、人性が物性のありようをしている。

摂食障害のありようは、前記の一つの病理現象である。TAT検査の反応において「食べ過ぎる（身体性、実は生きていない）」が「空想しすぎる（心性、実は生きている）」として過剰に出てきてしまうことがありうる。そのアナロジーが「現代」自身の抱える病理のありようを告げている。「生きていない（物性）」が「生きている（人性）」を過剰にし、他方で「生きている（人性）」が「生きていない（物性）」を過剰にし、その背後で欠落が生まれつづけている。「他者の行動」を主題化して直感を働かせるとき、つまり私の「自己」と他者の「自己」が「非自己」を介して重畳し、循環するとき、ただちにこのような思惟がこのような言葉を導き、私の「自己」の思惟が私の指（身体）の行動を過剰にし、この進み行きを前へ、前へと進める。その「事」の内で未知の進み行きの方向性が生まれつづけている。

この進み行きに直感が働いているかぎりにおいて「生きる」はここにありつづけている。「自己」と「非自己（他者、物など）」の補完作用が直感を可能にし、その働きが「他者」における「解離」のありよう、つまり「生きていない」の「生きている」ありようと「生きている」の「生きていない」ありようを「解離」としてとらえている。「

人性」と「物性」、「心性」と「物性」の解離がとらえられている。「他者」の「生きている」が向こうに外としてあり、それと循環し、重畳して私の「自己」の言葉が「他者の行動」のありようとしてここに内として生まれつづけている。

以上は、現代における自己・他者関係のありようが「行動と直感」の主題下で見えてきた特徴的な光景であるが、その際言葉が鍵となって内として、外として「自己」と「他者」をつないできた。次は「人」そのものが新たな鍵となる番であり、一方で社会（「世界」）へと、他方で物（「自然」）へと向かっていくこととなる。第二部では、そのような視点、方向性をたずさえ、またメルロ＝ポンティの理論と対比させて引き続き行動と直感の関係を追うこととする。

第二部　理論編

――メルロ＝ポンティ理論と直感行動論――

メルロ＝ポンティの理論がどのような学の系譜に連なるかについてはいろいろな見方があると思われるが、最大公約数的に述べておけば西欧哲学の流れに沿っているとすれば異論は少ないであろう。彼がデカルトやカントを批評するかぎりにおいて新たな境地に立っているが、そうかと言ってそれらに代わる新たな哲学的境地を切り開いているかということになれば疑問も生まれる。彼の立場についてはとりあえずそのように述べておくのが最も適切なように思われる。そのことは彼の経歴を概観するだけでも見えてくることであり、哲学の教鞭を取ることで始まったその生の進み行きは、その後サルトルらとともに実存主義運動に加わるが、結局決裂し、最後は独自の思惟を深めていく知的生活の終焉の仕方であった。これらの逸話に加えて、遺作「見えるものと見えないもの」の執筆中に心臓麻痺で五十歳余りの若さで急逝したことを添えれば、その生涯は特別な輝きを放って見えてくる。

直感論との対比で述べれば、メルロ＝ポンティの述べていることはその一つ一つが直感論に重なってきて極めて示唆に富んでいて大いに参考になるのだが、それはそのかぎりで終わる感じも強い。それは極めて不思議な読書体験である。そのことを別様に述べれば、その著書の文脈に沿って彼の思惟の展開に導かれている読みのありようでは、こちらの頭脳の働き具合で理解が深まるときと深まらないときとの落差が大きい。そして、理解が含まらないとき、あるいは趣旨が分からないときはどのような場合かと反省してみれば、こちらに読みの基準のようなもの、つまりメルロ＝ポンティの著書の記述を自らの考えと対比的に読み進むのでない場合に前記のような状態になる。つまり、互いの差異性がはっきりしない場合に理解の困難に出会うことが多い。このありようは一種の逆説を意味している。その差異性とは単なる差異のありようではなく、同じものの、あるいは相似的なものにおける差異のありようである。アナロジーにおける差異と言えなくもないが、このアナロジーは単なる相似ではなく、本来同一であるものの見方あるいは見え方の違いのようなものである。それは相似と言うには同一的であり、同一と言うには本質的に違っている。端的に述べれば、その一つ一つに同意し、感服し、共感さえするのだが、それらはいつでも意識的にせよ無意識的にせよ何らかの差異が前提となっている。

本書の第二部では、第一部で論じたことをさらに理論的にとらえ直すことが目的だが、その際、第一部では消化しきれていない主題についてはさらに深める必要もあり、まだ本書の本来の論述は終わっていないだけではなく、肝心な点を言い尽くせていない面も残されている。したがって、これまでのありようの思惟がこれまでの仕方で進むことが、第二部における展開の基本方針となっている。もともと「直感が直感を分析する」は困難な課題であり、進めば進むほど闇が深まってくる気配もある。見いだされた「明るさ」が新たな「影」と「闇」を用意しており、進み行きのありようはこれまでどおり一貫している。第二部ではその導き役の一つを「メルロ＝ポンティ理論」に託すことにもなっている。その仕方は彼の理論そのものを導きの糸にするのではなく、すでにある筆者の「直感が直感を分析する」に含まれている（「非自己」として）「メルロ＝ポンティ理論」を「自己」に蘇らせつつ、それと本論との差異をじかに感じ取りながら「直感が直感を分析する」を進めることである。その場合、分析する「直感」の方は当然のことながら筆者の「自己」に傾くありようをしているが、他方、分析される「直感」の方はメルロ＝ポンティの「自己」が筆者の「非自己」に参入し、筆者の「自己」とのアナロジーを形成しつつその〈すがた〉を現すありようをしている。その鍵を握っているのが、第一部で述べた「循環」と「重畳」の二つの直感原理である。それは「文字」を媒介とした「心的交差」と呼べるようなものである。

端的に言って、メルロ＝ポンティ理論と本論の差異としてはっきりしていることは方法の違いにあり、そのことは前記したように本論の方法が「直感」に託されていることにおいて明瞭である。他方、メルロ＝ポンティの方は、これも前記したように西欧哲学の伝統的な方法に従う態度が一貫しており、さらにその方法は彼独特の思惟のありようから深められ、新たな知見が見いだされることにもなっている。とりわけ現象学の遺産を引き継ぐことにも忠実で、その方法に現代の科学的方法や知見を加味させたことにより成果は幅広い形のものとなっている。とりわけ心理学や精神医学の実験的あるいは臨床的な方法と成果を自らの理論に関係づけ、単にその基礎づけにするだけにとどまらず独自の知見を得ることを可能にしている。これは本論が「直感」を方法としていることとは対極にある姿勢である。ただし、本論では単なる直感が方法とされているのでないこともこれまで繰り返し述べてきたとおりである。本論の主題とされている直感には「自己」と「根源」と「超越」が三要素として属しており、「科学」は直感の要素としての「自己」に含まれている。前記した「心的交差」と呼ぶもののうちに「知」の交流も含まれることは、「心」にまぎれもなく「知」が含まれることにおいて自明である。要素自己がそのことを担い、要素非自己を通して他者の要素自己に通ずることでそのことが可能となっている。

前記したメルロ＝ポンティの著書の読書経験についての特異性も、前記のことに関連して起こってきているととらえられる。そこでは、こちら側にある要素非自己があちら側にある要素自己によって次々と明るみに出されるという事象が起こってきている。そのどちらもが「全体性」を目指していることから奇妙な交差現象が起こってくる。それを通してこちら側では新たな「明るみ」が見いだされるのだが、それはあいまいであれ、はっきりとであれ、すでにとらえられているありようをしている。それはちょうど逆さまに映る写像のようであり、あちら側では「明るみ」の外に「全体性」の要請から「あいまいさ」が新たに見いだされているらしいととらえられる。他方、こちら側では全体としての「あいまいさ」が始めからあって、その「あいまいさ」のうちに新たな「明るみ」が見えてくるありようをしている。そこでは明らかに「全体性」概念が文字どおり鍵になっていて、それぞれ「あいまいさ」を反対の方向にさかさまにつなぎ止めている。あちら側では〈発見〉があり、こちら側では〈確定〉がある。

第一章

「論理」と「直感」の相対的逆転

第一節　「ゲシュタルト」と直感

ゲシュタルト心理学という一分野がある。体系化したのはウェルトハイマーで、主として知覚の領域において「ゲシュタルト」概念の存在を見いだした。その成果はケーラーやコフカによって受け継がれ、さらにレヴィンによって大成された。メルロ＝ポンティが自らの思惟を深めるなり実証するなりするために参考にした知見はこの系譜に連なる心理学者の実験結果であった。これは一般心理についてであるが、精神の偏りや病の特殊心理については、精神医学や精神分析関係の臨床事例についても積極的にその知見を取り入れている。このことから分かるとおり、メルロ＝ポンティはその思惟を展開するに当たって〈実証〉を、あたかもその進み行きのための命綱としている。すでに述べたように彼の思惟のありようはおおむね西欧哲学の流れに沿うものだが、その方法の支えとして〈実証〉を鍵として取り入れ、それを研究の基本的態度にしている点では、むしろ哲学よりも心理学の近くにいると錯覚さえ覚える。だが、メルロ＝ポンティは最終のターゲットを「目に見えるもの」と「目に見ないもの」の関係性に向けつづけているかぎりにおいて哲学の側に立っていると分かる。心理学もまた当然のことながら「心」をターゲットとしているのだが、その方法が実験であり、観察であり、「数字」であるかぎりにおいて（つまり科学を方法とするかぎりにおいて）「心」のもつ「目に見えない」という本質は別のものに変えられてしまう。メルロ＝ポンティはそのような心理学から何を借りようとしているのか。〈実証性〉を借りている。

そもそも〈実証性〉とは何であるのか。「実」とは何であるか。答えは「実体」である。「実体」とは何かと問いは変わる。事物の本質である。「本質」とは何か。これはすでにして堂々巡りの世界である。いかにもメルロ＝ポンティを追うにふさわしいありようである。この堂々巡りを止めるには〈証〉が必要である。しかも、論理による〈証〉ではなく、実体的な〈証〉である。〈理念〉でなく、〈実証〉である。メルロ＝ポンティにおいて求められているのはなるほど〈実証〉であり、そのことに応じてその方法は哲学から科学へと向かう。だが、ここにある必然性はそのような単純なものではない。現に哲学もまた一つの学として成り立っている。改めて〈実証〉を求めるまでもなく〈論証〉によってでも学は成り立つ。メルロ＝ポンティはなぜそのことに甘んじないのか。問いは、このように変わる。論証では成り立たない世界が彼の前に現れているからである。ここにある必然性はなお単純なものではない。論証によってでは成り立たない世界とは何か。それが「ゲシュタルト」である。〈全体性〉である。本論もまたそのことと向き合ってここまできている。

〈全体性〉を実証的にとらえることは、直感論にとっては始めから困難を予想させるものである。哲学が論理的にしてきたことを実証的に果たそうとすることだが、すべての科学は、それが科学であるかぎりにおいて部分から入るよりない。哲学や芸術がそのことを可能にする道をもっているが、前者は「論理〈理性〉」を、そして後者は「直感〈感性〉」を唯一の命綱としている。

西欧哲学はニーチェ哲学において極限に達し、〈「非自己主体」による直感〈特殊感性〉〉の闇に没した。そのあとに一方で「行動」と合体した〈実存哲学〉が残り、他方で〈純粋直感〈特殊感性〉〉と合体した〈現象学〉が生まれた。

メルロ＝ポンティ理論は、このような西欧哲学の流れの内に位置づけられる。端的に言って、実存哲学が「科学」と「現象学」に合流したととらえられる。

ニーチェ哲学は西欧哲学がギリシャ（プラトン）形而上学に連なることにおいて哲学の限界を見て取ったととらえることが可能だが、それは形而上学の限界も同時に示している。一方において、遠く形而上学に連なる哲学がそれに見切りをつけ「行動」と合体し（実存哲学）、「身体」と「物」によってその限界を切り開くことを意味している。それがサルトルやメルロ＝ポンティが従った道であったととらえられる。本論との関連で述べれば、「身体」と「物」と「心」の合体による政治的、倫理的な進み行きであった。その鍵概念が「行動」である。「身体」と「物」と「心」が一つになっていることからして、それは明らかに「人間」と「物」を指し示しており、それを「唯物論的ヒューマニズム」と名づけることが可能である。その後の世界のこれまでの進み行きからすれば、人類にとっての最後のヒューマニズムととらえることが可能かもしれない。「人間」が「物」と同化することのみにとどまらず、「物」の〈理〉が主導する事態が招来されている。

ニーチェが「非自己」の〈理〉に出会ったことの半面のように、人類は現在「非自己」のもう一つの〈理〉に出会っており、そのことのうちに彼の予言したニヒリズムが現代世界を覆っているととらえられる。だが、このニヒリズムは現在「無」ではなく「存在」をなお前面に現しつづけている。「根源」が消え、「超越」が「物」の〈理〉として展開し、人間の「自己」がそれに同化しつづけ、自らの実体を痩せ衰えさせている。このような文脈にメルロ＝ポンティの死のエピソードを添えてみれば、それは西欧哲学の流れを象徴しているかのようである。「見えるものと見えざるもの」の原稿を執筆している場は、彼にとっては人間にとっての「全体性」概念を探し求める一つの戦場であり、心臓麻痺によるその突然の死は一戦士の死に似通う。現代世界が今現に見届けようとしているのは「ヒューマニズム」の死である。

手塚治虫の生み出した「鉄腕アトム」は、現代人以上に人間的である。鉄腕アトムは、お茶の水博士によって造られたロボットだが、このロボットは日本語を話すのはもちろんのこと、泣きも笑いもするし、もっと複雑で微妙な感情（照れるとか恥ずかしがるとか）も持ち合わせているし、勇気や愛情も人一倍ある。加えて、完成された「自己」をもち、欠点を探すのはむずかしく、そうであればこそ人間ではなくロボットだと分かる。また、そうであればこそ自らの限界にも気づいている。真の産みの親がお茶の水博士であることも知っている。ほとんど万能と言ってもよいが、神でもなければ超人でもない。「自己」をもっていればこそ自らに「非自己」が寄り沿っていることも知っている。科学の子でありながら「物」ではなく「人間的ロボット」である鉄腕アトムは、「直感」をも自らのものとしている。この「物」は「生き物」へと通じている。このような存在を本論では「直感論的人間」と呼び、そのような生き方を「直感論的ヒューマニズム」と名づけることにする。

メルロ＝ポンティの生き方と死に方を「唯物論的ヒューマニズム」と呼ぶこととのアナロジーをここにとらえておくことが肝要だが、すでに述べたようにこのアナロジーは一筋縄ではいかない。だが、そのどちらもがすでにして瀕死状態にある「ヒューマニズム」を生き返らせようとするかぎりにおいて連帯している。メルロ＝ポンティ本人は自らの思想が唯物論と統合されているにせよ「ヒューマニズム」と呼ばれることにどのような思いを抱くかははっきりしない。しかし、彼の理論が〈実存〉と切り離せないことを特徴としていることは誰もが認めるはずで、人間から一歩も離れないかぎりで「物」を中心に置き、そうであればこそ、あるいはそのためにこそ「全体性」が一種宿命のように彼の思惟につきまとう。

すでに述べたように彼の死が「見えるものと見えざるもの」の原稿の執筆中であり、心臓の発作であったことにすべてが象徴されている。彼の思惟と執筆は最後の最後まで「全体性」に促され、「全体性」を目指して進められた。ただ、その方法が西欧哲学に連なる〈論理〉であり、〈論述〉であったことによってその紡ぎ出す「言葉」が「全体性」を抱え切れるものでないことも直感論にとっては自明である。このことについては後にまた述べることにし、直感論とは「ヒューマニズム」であることもここで改めて確認し、特化しておきたい。その鍵概念は「全体性」であるが、この鍵概念についてはただちに二つの修飾語を用意し、その領域と働きを限定することが必須である。その修飾語とは、一つは「直感論的」であり、いま一つは「人間的」である。前者は〈最終の主体〉は直感に属していること（「直感主体」）を意味し、後者は〈生きる主体〉が「自己」に属していること（「自己主体」）を意味している。

この「全体性」には「絶対性」概念は属していない。むしろ「相対性」概念こそがその本質であり、それをあえて「相対的全体性」とあらかじめ呼んでおいても間違ってはいない。このことについてはこれまで繰り返し触れてきたが、以下、メルロ＝ポンティ理論との対比でしばらく吟味してみる。

直感論にとっては「全体性」は今ここに常にある。この「全体性」は理念ではなく、実存概念である。そのことのうちで「自己」が生きてあるかぎりにおいて「全体性」はあるからである。このことだけでも本論の「全体性」概念がメルロ＝ポンティのゲシュタルト概念（〈実証〉から由来する「ゲシュタルト」）とは違っていることが分かる。端的に言って、メルロ＝ポンティがその論文を書いているかぎりにおいて「全体性」は除外されている。「論」の〈理〉と「物」の〈理〉がその進み行きを主導するからである。その「世界」に「全体性」の入り込む余地はない。そのことによってこそその「世界」が構成されることが可能になっている。そこに「生きる」があるにしても「理」にかぎられる「生きる」（本論はこのような実存をすでに「特殊実存」と特化した）である。「特殊」とは「全体性」からはみ出たありようのもので、その「全体性」を疑わないかぎりでの「思惟的全体性」と呼んでもよい。そこにもその「世界」特有の「全体性」があるにしても（「ゲシュタルト」）、それは「特殊全体性」である。

メルロ＝ポンティが記述する文脈は当然のことながらメルロ＝ポンティの「論」の〈理〉に沿った分析であって、

それ自体は常に部分としてあることをとらえておかなければならない。メルロ＝ポンティ自身そのことをとらえていたはずだが、本人が自らの直感のありようをとらえていたか、そしてとらえていたとすればどのようにとらえていたかについてはつまびらかではない。メルロ＝ポンティの著作を私の「自己」が読むことにおいて起こる奇妙さについてはすでに述べたが、そのことは前記のことにおいても如実である。〈彼の「自己」の「書く」〉において浮かび上がる「特殊実存」は「全体性」と重なっているとその文脈においてとらえられるが、その周辺に「一般実存」が潜む気配もまた私の「直感」にはとらえられる。このことは私の「自己」との差異としてとらえられる。彼の「自己」において直感概念はないかあいまいなままであるし、現象学的「直観」概念もまた彼が「論」の〈理〉と「物」の〈理〉に従っているかぎりにおいてありえない。だが、そのような〈理〉が彼の広くて豊かな思惟をさらに〈理〉とともに前に進め、現にそこにある「全体性」を必然的に否定し、その否定によって導き寄せられる〈ある〉が存在として現れる（ここに「生きる」はない）。否定された「全体性」が別の「全体性」を呼び寄せ、〈理〉によって接合される（メルロ＝ポンティの「移行」概念、音楽との関連では「転調」概念）。

「全体性」のいわば「接合的入れ子（〈理〉による接合）」のありようは〈理〉の文脈に沿うかぎりにおいて可能となっているが、「全体性」に他の「全体性」の接合（「移行」）が〈理〉の必然によって導かれているかぎりで新たな「全体性」は既存の「全体性」に吸収される。この「全体性」には引き続き「外」がある。直感にとっては、〈理〉の外には常にそれによって排除された「感じる」がある（「直感の構造」）。「生きる」はそのようなありようの「全体性」によって可能となっている。

メルロ＝ポンティは、自らの思惟の最終的展望としての全体性が「揺らぎ」であることを知っている。それは単なる接合ではないことも知っている。単なる重なりでないことも知っている。これは「論」の〈理〉が自らを否定することである。「論」の〈理〉は自らを否定することによって「揺らぎ」をとらえている。だが、彼が「生きている人間」であることを自らに課しているかぎりにおいて二律背反は解消しない。メルロ＝ポンティは「論」の〈理〉に従って「全体性」をとらえようとするから、その記述の進み行きにこの二律背反はいつまでもついてくる。ここで起こっている事態のありようは単純である。だが、彼はさらに先に進もうとする。まだ真理にたどり着いていないと彼には分かるからである。〈実証〉が彼に必要になるのはそのような場、そのような時においてである。この〈実証〉は「物」を本質としている。この二律背反を解く鍵は「物」であると彼にはとらえられている。だが、直感にとってメルロ＝ポンティにとっての「物」は特殊である。彼が「物」を〈実証〉の方法とするからである。そのような「物」はもはや「物そのもの」ではない。「全体性」を実証するための「物」である。これはすでにして特殊である。この「物」にはすでに「論」の〈理〉が寄り添っている。彼はそのことにも気づいている。

メルロ＝ポンティがセザンヌの絵に近づいていくのはそのゆえである。同国人の画家として「物そのもの」に典型的に向き合う画家としてセザンヌがいるが、それればかりではない。やはり同国人の画家に「物」の本質としての〈形〉や〈色〉に加えて、その「理」としての〈線〉と典型的に向き合う画家がいる。それがマチスである。メルロ＝ポンティはこの画家にも積極的に近づいていく。メルロ＝ポンティの理論から欠落する「物そのもの」はこれらの画家達の「感じる」によって補われる。彼の理論に「生きる」が注入される。だが、この「生きる」は依然として特殊実存である。前記の二人の画家の「感じる」は、それもまた特殊であるにしても「一般実存」に通ずる「生きる」である。そこに「感じる」が含まれているかぎりそうである。この二人の画家たちの「生きる」の特殊性は「一般実存」の外にあるのではない。その内にあって一般直感を成り立たせている。その直感は画家としての特殊直感だが、それは現象学の方法となる純粋直感ではない。この画家たちの特殊直感は一般直感につながっている。それらは「論」の〈理〉に従う特殊実存としての思惟ではありえず、そのような特殊性とは対極にある特殊性である。その差異の鍵を握っているのが一般直感である。この一般直感にはこれまで繰り返し述べてきたように「生き物」一般に通ずる根源直感も含まれている。そのようなありようが画家たちの視線であり、まなざしである。

直感にとってそもそも「全体性」とは何であるかが改めて問われなければならない。だが、そのことについては第一部で繰り返し確認されたことである。本論の始まりにあったあの「感じる」が全体としてあったありようのことである。その全体としてのありようはここでの進み行きの過程でこうして前面に出てきて、今現に書斎を包むようにして浮かび上がり、再びすぐにワープロの画面とその上の文字と私の指とが一つ一つのキーに付いた英字や日本字の記号のすがたにまじりながら現れ出ては没したりしている。書斎の小さな窓の向こうに大きく茂った栗の木が緑色の大きな毬栗を葉陰から覗かせている。今ここには紛れもなく「全体性」が見いだされ、感じられ、しかもこうして思惟の進み行きも添いつづけている。そのありようは紛れもなくあるが、その紛れのなさは曖昧さと一つになっている。

メルロ＝ポンティはこのようなあいまいさを知っているが、それをあいまいさとして許容しようとしない。「論」の〈理〉がそのように仕向ける。そのことによって彼の直感が阻まれているが、それでもなお直感は働きつづけている。彼が彼の論述で出会う「全体性」の向こう側（現象学における「地平」概念）は、彼が生きているかぎりにおいて消えてしまうことはありえない。少なくとも「生き物」一般に通ずる根源直感は彼が生きていることの証のように残りつづける。それが本論の「全体性」が指し示すものである。だが、それだけではこの「全体性」について何かを述べたことには少しもなっていない。そもそもこの「全体性」とは何であり、どのようにしてあるのかを問いつづけなければならない。それを解く鍵の一つは「意味」概念であり、いま一つは「意図」概念であろうと推定される。しかも、それらの概念が〈実存〉を含み持っていること自体がさらなる鍵になっているはずである。そうであればまずもって「直感論的実存」の意味が問われなければならない。しかもそのことが「全体性」との関連で問われなければならない。だが、この問いについてはすでに解が出ているとも言える。「生きる主体」が問題となり、そのことについてはすでにこれまで多く触れてきている。むしろそもそも主体とは何であり、それがどのようにあるのかが問われなければならない。

主体はここに現に今ある。その証はこの記述の進み行きが自動書記でないことに明らかである。自動書記の主体は非自己主体である。このことは直感論にとって極めて重要な事項である。真の自動書記ということになれば、それは特異な事象である。その事例は西欧の詩作の一領域においても現にあったし、それにかぎらず文学活動には潜在して普遍化している。このことについては、すでに取り上げた絵画芸術との関連で注視が必要である。自動書記に対応するありようが「絵画制作」においてもありうるか。「自動描画」はありうるか。論理的にはありうる。さらにアナロジーを広げて「自動舞踊」はありうるか。これもありうる。と言うよりも、イメージとしては「自動舞踊」は「自動書記」や「自動描画」よりもおさまるところにおさまっているありようをしている。

前記のような一般化、普遍化には一つの必然性が含まれている。たとえば唐突な発想になるが、詩作や絵画制作や舞踊のありようにある種の麻薬を関連づければ、その例示に連続性が生まれる。その場合の麻薬の役割（あくまでも仮定上のことだが）は〈理〉の働きに制限を加えることであり、このことを別様に述べれば「感ずる」を人工的に純粋化することである。そのような麻薬の働きとしての役割は、詩作と絵画制作と舞踊とではそれぞれ互いに違ってくるはずである。それぞれの本来の「感じる」のありようが違うからである。前記の三種の芸術活動はたまたま筆者の「非自己」が導き寄せたにすぎないが、その三者の間には本質的な差異がある。詩の本質としての様式は「書く」と「読む」であり、絵画のそれは「描く」と「見る」であり、舞踊のそれは「踊る」と「見る」である。この三者関係は直感にとって極めて示唆的である。以下、それぞれ命題として残しておく。

命題１　「見る」において〈絵画〉と〈舞踊〉は同列化し、〈詩〉は「読む」として特徴化する。

命題２　「書く」と「描く」において〈詩〉と〈絵画〉は同列化し、〈舞踊〉は「踊る〈動く〉」において特徴化する。

命題３　これらのアナロジーの意味を解く鍵は、「見る」と「読む」と「動く」が握っている。この三者は直感にとって互いに本質的に違っている。

命題4　〈絵画〉における〈絵〉は画家の外にある風景の写し（移し）であり、画家の前にあるキャンバスの画面である。そのようなありようの鍵を「見る」が握っている。

命題5　〈舞踊〉における〈踊り〉は舞踊家の身体の動きであり、観客は自らの前に他者の動きを見る。そのようなありようの鍵を「動く」と「見る」が握っている。

命題6　「詩作」における〈詩〉は言葉として生まれ、その意味と意図が〈情〉として読み取られる。

前掲のように人間の典型的な表出作用の三者の特徴を並べてみれば、それぞれの本質的ありようが浮き上がって見えてくる。

命題7　〈絵画〉の根本的本質は、「前に立てる」である。

命題8　〈舞踊〉の根本的本質は、「身体が動く」である。

命題9　〈詩〉の根本的本質は、「言葉が情を含む」である。

前記の展開のうちに、直感の要素としての三つの特徴的ありようを抽出しておく。

(1)「前に立てる（表象）」～絵画

(2)「身体が動く（運動）」～舞踊

(3)「言葉が情を含む（情覚）」～詩

以上は、「自動化」との関連で浮上した「直感が直感を分析する」のための三要素である。それは単に分析のための要素にすぎないが、それらを連帯させる鍵は「自動性」が握っている。実際「自動性」は直感にとっても鍵概念となっている。この「自動性」はたまたま自動書記についての文脈で浮上してきたものだが、「全体性」がこの言葉を導き寄せたことも重要である。「自動性」と「全体性」を一つにすれば、「自然」概念が連なって見えてくるのは単なる偶然ではない。直感にとっての「全体性」を問う文脈のうちにそれが現れ出てきている。だが、直感にとっての「全体性」はもちろん「自然性」に尽きるわけではない。それはメルロ＝ポンティの理論にとってもそうである。だが、いずれにおいても「自然性」は重要な意味を担っている。その鍵概念は「物」である。それは単なる「物」のことではなく、すでに画家との関連で述べたように「物そのもの」のありようとしての「物」である。「物」は意味Aに対応し、「物そのもの」は意味Bに対応しているが、このような区分は直感にとって一筋縄ではいかない。

前記の三要素を「全体性」と関連づけて総括すれば、次のようになる。

①「表象的全体性」
②「運動的全体性」
③「情覚的全体性」

これら三種の「全体性」において「意味」はどのようにしてあるかが問われる。その場合、「表象」や「運動」や「情覚」を問うことがここでの作業ではない。あくまでも「全体性」を問うことが主眼であり、それを「行動」との関係で問うことである。直感にとっての「全体性」は「相対性」のありようのうちに現れる。そのことを裏側から述べれば、直感にとっての「全体性」には「絶対性」は属していないということである。そのことを換言すれば、直感にとっての最終主体である直感主体には「絶対性」が属していないということである。このことを再び裏側から述べれば、直感主体は「自己主体」「非自己主体」の相対のうちに成立しているということである。その場合の「非自己主体」もまた「根源主体」と「超越主体」の相対のうちに成立しているということである。

直感主体のありようは「全体性」として現れるが、それは「絶対的な全体性」ではなく、「相対的な全体性」である。その場合の「相対」のもつ意味には、次の三点の特徴が含まれる。

①「自己主体」は「生きる主体」である。

②「超越主体」は「表象と物としての主体」である。
③「根源主体」は「生滅の主体」である。
「直感主体」はこれら三者それぞれの独自のありようの相対としてあることによって成り立ち、その「全体性」もまた相対的になっている。「意味」の由来はこれらのことのうちに属している。
①「生きる」における「意味」～「実存的意味」
②「表象と物」における「意味」～「存在的意味」
③「生滅」における「意味」～「根源的意味」
①の「実存的意味」とは、「生きる」と関連する意味である。
①―1　その「意味」は、「動く」に重なるにしても「生きる」における「動く」である。
①―2　その「意味」からは「生きていない」における「動く」は排除される。
①―3　「生きていない」における「動く」は、「物」における「意味」に属している。「物」の「動く」における「意味」である。
①―4　「表象と物」における「意味」は「実存的意味」ではなく、「存在的意味」である。
②の「存在的意味」は、「表象」及び「物」の意味である。
②―1　その「意味」には「論理的意味」と「物理的意味」の二様がある。
②―2　「論理的意味」とは「表象」における「意味」である。
②―3　「物理的意味」とは「物」における「意味」である。
②―3―1　「実存的意味」は「物理的意味」と無縁ではない。
②―3―2　「人間」や「生き物」には「生き身」としての「物」をもつことにおいて「物理的意味」もまた

含まれている。

②―3―3「生き身」としての「物」は、「物」として「生きていない物」と通じている。

③の「存在的意味」は「表象」と関連する。

③―1　その「意味」は「普通の意味」と言うことができる。

③―2　その「意味」を直感との関連で述べれば、「直感に逆らうありようをする意味」である。他方、「実存的意味」は逆に「直感に沿うありようをする意味」である（表象作用と直感作用の差異）。

③―3「存在的意味」は「物」との関連では一筋縄ではいかない。

③―3―1「物」には常に二重性がある（直感にとっての重要事項）。

③―3―2「物」には「物そのもの」のありようがあり、「物そのもの」は「表象」と結びついた「物」とは別のありようをしている。

③―3―3「物」と「物そのもの」は、人間（直感）にとって「前に立てる」ありようをしていることで共通している。

③―3―4「物そのもの」も人間（直感）にとっては広い意味での「表象」でありうる。「物」一般が一筋縄でいかないのはこのためである。

④の「根源的意味」は、「物」と「物そのもの」の関係の内に現れている。

④―1　人間（直感）にとって「物そのもの」は「物」の「根源的意味」である。

④―2「物」は人間（直感）にとって、「物一般」と「物そのもの」の間で揺れ、それに応じて、その意味が「存在的意味」と「根源的意味」の間で揺れる。

④―2―1「物」のみならず人間（直感）自らもまた別の仕方で、つまり「存在的意味」と「実存的意味」と

の間で揺れる。

④―2―2　「揺れ」は単に「物」や「人間」における「意味」にかぎられず、「言葉」のありようにも関係する。

④―2―3　同一の言葉が直感との関連で「実存概念」と「存在概念」の二様のありようを示すことがありうる。

④―2―4　「意味」及び「言葉」における揺れは本質的な揺れである。それが「生滅における意味」と述べていることのありようである。

④―3　「根源的意味」においては「意味」そのものが没することが一般的なありようである。

④―3―1　一般直感にとっては「根源的意味」は通常没しているありようを示す（たとえば、精神分析における無意識概念）。

④―3―2　「物忘れ」や「加齢による認知機能の衰え」なども一種の「意味の生滅」である。

本節では、「意味」における前記の三位相を確認しておくことで用は足りる。「意味」においても「絶対性」は無縁であり、「相対性」が直感の本質であることがはっきりしている。直感にとって重要なのは絶対的な真理としての「意味」ではなく、「生きる」において相対化する「意味」である。真理が目指されるにしても一般的な真理である。真理がそのような相対性のうちに絶対的に現れることはありうる（「直感論的絶対性」）。

「身体」が「物」と同化するありようの概念として、メルロ＝ポンティの後期の理論における「肉」概念がある。本論のここでの文脈からすれば、「唯物論」が「行動」と結びつく過程で「身体」では済まなくなった点に「肉」が登場してきているととらえられる。「行動」が主題化されているかぎりにおいて、その鍵概念が「人間」であり、その「主体」であることについては論をまたない。「行動」を主導するのは「自己」以外ではありえないからである。

ただし、その「自己」に「行動」の根源的基礎があるわけではない。この問題は直感にとって深刻である。既述の文脈において「自動性」が突如として浮上してきたことにもそのことがうかがわれる。直感には多かれ少なかれ「自動性」が属している。この「自」は「自己」の「自」を指し示すのではなく、「自然」の「自」を指し示している。と言うよりも、直感にとっての「自己」とは「自然とともにある己」と定義づけすればよいのかもしれない。これは「行動」にかぎるにしても「人間主体」という言葉にはそのまま通じない。メルロ＝ポンティ理論にとってもそうである。「物」がそのような人間の行動のありようを阻止する。

「物」は人間との関係で人間が生きているかぎりにおいてその「生きる」に参画し、それを拘束している。その場合、人間の身体は「物」にとって「他事」ではありえず、「物」にとっては人間の「身体」は「身体」ではありえず「肉」である。「物」にとっては「肉」は自らのものとしてありえないが、人間の「生きる」が「物」自らに同化するかぎりにおいて「身体」は「身体」ではなく「肉」である。その根源的根拠（真理）を、メルロ＝ポンティは〈人間が自らの右手で左手に触れるときの触覚の同一性〉に見いだす。そこでは右手の「主体性」と左手の「主体性」の交差が触覚において起こっている〈メルロ＝ポンティ理論における「交差」「可逆性」〉。このような思惟において「肉」概念はメルロ＝ポンティ的色彩を帯びる（引き続き存在概念のまま）。この「肉」概念は「自己」と「世界」との関係にまで広げられる。「自己」における「肉」も世界における「肉」も同一化可能となる。これらの事象を根源的基礎である絶対的真理としての〈右手と左手の相互感触〉が支えている。

この「肉」概念は最大限に拡大されている。そこには「身体」はもちろん「物」も「表象」も含まれ、その「物」には「物そのもの」ももちろん含まれている。「全体性」はこのようにして思惟による仮想として定立される。それを仮想と呼ぶのは、その思惟の試みが記述としては研究ノートの断片として宙に浮いたままであり、思惟する本人における「生きる」はその途上で幕を閉じてしまったからである。まさにそのことによってこそ「全体性」は逆説的に完成されている。

メルロ＝ポンティと同じ国の詩人ランボーが「詩」における「生きる」の限界に出会い、実際的な「生きる」を目指してアフリカに旅立ったのと裏腹なことがこの哲学者に起こった。詩人ランボーの詩における試みは未完に終わったが、彼は死を引き伸ばすことによって〈詩〉の未完を〈生〉の達成として完成した。他方、メルロ＝ポンティは思惟を通して「全体性」の構想を得たが、まさにその途上でその生を閉じ、その「全体性」の構想と記述は〈死〉によって定立された。この二人がそれぞれの〈生〉の最後まで「人間」の側に立ち続けていたことは、この困難な現代を生きる者にとっての希望でありうる。主体はなお人間に残されているからである。その「主体」が「生きる」に限定されるにしてもそうである。

第二節　「知覚」と直感

「意味」とはそもそも何であろうか。そして、「意図」とはそもそも何であろうか。本節はこの問いから始まる。この問いがある種の「全体性」を目指していることが前節からの引き継ぎとしてある。だが、「全体性」をとらえるには「意味」と「意図」のみでは不全であることもただちに見てとれる。「意味」も「意図」もともに「意」のことであるにしても「全体性」としては狭量である。「意味」や「意図」よりもはるかに広い「意」がすでにある。「意識」が「無意識」と対になる「意」のありようである。すでに述べたように西欧哲学史の流れにおいてこの「意」は鍵概念となっていて、ギリシャ哲学から「デカルト」を経て、さらに精神医学における「フロイト」へと寄り道をし、「現代西欧」の、そして「現代世界」の「全体性」が今現にこうしてある。今のところこの「意」によって「心」の全体性がとらえられている。この「意」に「無意識」が属していることによって「心」から「身体」への道が通じ、前節で見たようにメルロ＝ポンティが「身体」から「肉」への道を開き、この「肉」によって世界の全体性を支える根源的根拠を築けるかが現代を生きるわれわれに問われている。

だが、ここに見えてきている「全体性」は「知覚」を主役としたものであることも西欧哲学史に連なる流れの限界として直感にはとらえられる。そこに感覚が身体経由で属しているにしても感覚は「感じる」のすべてでないこともはっきりしている。この限界は、メルロ＝ポンティが「右手と左手による相互感触」のうちに「全体性」の根拠への契機をとらえたことの必然として現れてきている。触覚は生きているにせよ、生きていないにせよ「物」に偏る「感じる」である。それを「肉」と言い換えてもその本質が変わるわけではない。端的に言って、詩の言葉を読むことによる「感じる」は前記の「感触」には含まれていない。「肉」概念を「世界」に移行〈転調〉するにしてもそうである。メルロ＝ポンティの思惟は「知覚」中心であることからこの障害に出会っているととらえられる。

「言葉を読む」は単に知覚のみで働くものでないことは、詩の言葉を挙げるだけで明らかである。「感触」は「感覚」と「知覚」の合成で成り立つものではありえない。「心」から「知覚」と「感覚」を除いた〈残余〉、あるいは「知覚」と「感覚」の共同作用によって生ずる〈余剰〉が同時に「感触」を成り立たせていることも「心」の全体性にとっては自明である。「心」の全体性とは、とりあえず「心」と「身体」を合わせた全体性であるにしても、そこに新たな〈残余〉なり〈余剰〉なりが生まれることはありうる。その全体性を単に「肉」とすればそこにどのような事態が生まれるか。「肉」は生きているにせよ生きていないにせよ「物」であることに違いはない。だが、そう述べることにおいて「生きる」が鍵概念を担っていることについては注意が必要である。「生きる」と「生きていない」の対が〈残余〉と〈余剰〉を含みうるからである。だが、そうであってもそれがなお「物」であることについてはさらなる注視が必要である。「物」は前章の最後に触れたように独特の「二重性」を自らの本質としているからである。一つの「二重性」は「物」と「物そのもの」の二重性であり、いま一つの「二重性」は「物」としての「言語」表象と「物そのもの」の「物」表象が二重になっていることである。そこには二種のありようの〈象〉が前に立てられている。そのことに詩の言葉のもつ秘儀的なありようを近づけてみれば、そこに新奇なアナロジーが現出してくるのが見えてくる。

その前に、第二部における論述がメルロ＝ポンティ理論との対比となっていることからすれば、ここで言葉について日本語とフランス語の差異について特記しておきたい。「肉」と呼ばれるような特殊な言葉が「全体性」を解く鍵とされるとすればなおさらである。「肉」についてはともあれ、本章における鍵概念である「意味」と「意図」との関連で両国語の差異をあらかじめ吟味しておく。

①　意味＝sens ＝感覚、知覚、感情、意識、観念、考え、意義、方向
①—1　意義＝signification, sens
①—2　sentir ＝感じる、知覚する、意識する、分かる、認める
②　意図＝intention ＝企図、趣意、意志、意向、意欲、志向
②—1　意志＝volonté, vouloir
②—2　意欲＝同右
③　意＝対応語なし
③—1　意のごとくに＝à souhait
③—2　意にかなう〈人が主語〉＝truover qch à son goût(s)
③—3　意にかなう〈物が主語〉＝convenir aux goût(s) de qn
③—4　意に介する＝prendre qch à cœur
③—5　意を決する＝faire la résolution
③—6　意を通じる＝communiquer son intention
④　意識＝conscience（sens, connaissance）＝知覚

④—1　con —　＝共同、結合、添加を示す接頭語

④—2　science ＝智、知識、学識、見識、学問、科学

⑤　肉＝viande（食肉）、chair（肉体）、corps（肉〜霊との対）

日本語と言っても、ここで挙げられている語の多くは「漢字」である。歴史的に見れば、「漢字」は中国系の字であり、「ひらがな」は日本系の字である。「漢字」はその発生因に着目すれば〈形〉が先行し、象形文字として一括される。「漢字」の場合、〈音〉は先発的にせよ後発的にせよ字として付随的である。「ひらがな」は日本固有のものであり、〈音〉が「話し言葉」として先発し、文字化の過程で「漢字」における〈形〉を継承している。前掲のとおり「意」には適切なフランス語の対応がない。このことについては注視が必要である。

「意」が何を示しているかは「漢字」に戻るほかない。その形を分解すれば「音」と「心」となることは直感にとって示唆的である。「音」の字は、「立」と「日」から成りやはり示唆的だが、何を示唆しているかは分からない。だが、「立つ」が確かさの方向を示し、「日」が「明らかさ」とともに「あいまいさ」を同時に含みもつことも感じ取れるが、そのかぎりのことでそれ以上のことははっきりしない。「意」に対応する適切なフランス語は見つからないが、前掲のとおり「意」を含む日本語の言葉はさまざまな述べ方で翻訳できる。だが、そこにも「意」として統一できるフランス語は浮上してこない。このことに「意」という日本語が特殊であることを暗示している。一つには、すでに述べたように象形文字としての漢字のもつ特殊性である。この「意」という語には単に〈形〉があるのではなく、その〈形〉がそれこそ「意味」を象徴している。前記したように「意」は「立つ」と「音」に分解され、「立つ」の「意味」と「音」の「意味」が一つになって別の意味を生み出している。漢字はフランス語の文字の〈形〉がアルファベットであるのとは本質的に違っている。西欧語に関係する文字はローマ字に由来してすべて同種である。その本質は「記号」としてである。

前記のことについて、以下直感との関連で二つのエピソードを述べておく。一つは、すでに取り上げた詩人ランボーがアルファベットの母音について述べた散文詩があることである。その部分の全文を以下に掲げる。

「僕は母音の色を発明した！――Aは黒、Eは白、Iは赤、Oは青、Uは緑。――僕はそれぞれの子音の形と運動を規正した。また本能的な律動により、いつかはすべての感覚を表現し得る詩的言語を発明するのだとうぬぼれた。僕は翻訳を保留した。／初めは習作だった。僕は沈黙を、夜を書いた。表現し得ないことを書き始めた。僕は数々の眩暈を定着した。」（詩集「地獄の一季節」の「錯乱Ⅱ／言葉の錬金術」秋山晴夫訳）

文字は時と場によって「象形」でもありうるし「記号」でもありうるが、その本質は直感にとっては〈物〉である。今現にここでワープロの画面上に現れる文字は二重にも三重にも〈物〉から成っている。画面それ自体が〈物〉であり、字の現れ自体が〈物〉であり、その現れを可能にしている機械そのものが〈物〉である。加えて、それを生み出している私の「指」もまた「生きている」としての〈物〉、メルロ＝ポンティ流に言えば〈肉〉である。この〈肉〉は「物性」のみならず「心性」も含んでいる。このことのうちにメルロ＝ポンティ理論が直感論と背中合わせに重なっているととらえられる。直感論の理論的側面をメルロ＝ポンティ理論に託せば、ここでの「全体性」がより強固なものになることが示唆されている。それはともあれ、ランボーの詩が表現しているのは、記号文字としてのアルファベットのもつ「物性」と「心性」のことである。天才詩人の十九歳時の作品である。

アルファベット文字、とりわけその母音には色が付いているとこの詩人は書く。ここでの「言葉」は母音と子音と表現されていることからして「音」である。東洋風に換言すれば「意」という文字のうちにある「音」である。「心」が捨てられて「意」は純粋になる。「意味」がそこから脱落するとすれば、もはや定まる場はなく揺れたり没したりする。この詩人にとっての母音とはそのようなありようのとらえどころないものである。それは「音」である。「立つ」が「日」

によって支えられている。そのあいまいな不確かさが「色」を求める。

この詩人はアルファベットの母音の「色」を発明する。「音」がその不確かさを詩人に訴える。ここに一つの「交差」がある。この「交差」をメルロ＝ポンティはその理論のうちで「キアスム（chiasme）」と呼ぶ。本論ではこの「キアスム」に相当する概念は「重畳」と「循環」と呼ばれる二つの〈概念〉の対であり、「領域」と「作用」の二つの〈意味〉の対である。これは直感の本質的ありようである。前章における隠された主題が「空間」であり、本章のそれが「時間」であることの対にその一つの現れがある。

ランボーの詩は、当然のことながら詩人としての直感によって生まれている。若年齢であればこそその直感は純粋である。「物性」と「心性」が一つに溶け合って「肉」となり、「霊」をたずさえてあれら多くの詩が生まれた。

いま一つのエピソードについて述べよう。前記のランボーの場合に劣らず直感にとって重要なものである。やはりアルファベットが鍵概念になっている。人間は「話す」ことによって他の生物と際立った差異があるが、「話す」でなく単なる「発声」ということであれば他の生物へと通じ、表現方法としては共有される。だが、同じ言葉であっても「書く」ということになれば他生物との差異は決定的となる。

前記の差異は、直感論的には人間と他生物の能力のありようの差異に本質的な意味があるのではない。このことにかぎらず能力ということであれば、人間よりも他生物の方が勝れている点は無数にある。直感論では他生物（とりわけ動物）には根源直感が特徴的に属しているととらえられている。直感の働きようが生物の種のありようによって違っていると述べるのが適切で、能力の差ではなく必要性の差が本質である。「全体性」との関連で述べれば、「残余」や「余剰」は不要としてあり、必要があるまではなくて済むものであり、日本語には「無用の長物」という諺もある。

言葉には「話す」と「書く」の二様があるが、「話す」の必要性は人間にとって普遍的であるにしても、「書く」については必ずしもそうとは言えない。つまり人間にとっての「文字」の必要性のことだが、それは文明にとっては不可欠だが、非文明にとっては無用であることがありうる。ましてや、たとえばコンピューター言語のこととなれば文明の視点を外せば要・不要の賛否の度合いは少なくとも揺れるはずである。

「文字」は、「物」として文明の最先端を行くことが宿命づけられている。その進み行きにおいては「物」としての方向性が優先され、そのことによって別の領域（たとえば「心」）における方向性が減じられるなり、歪められなりする。この世界には、そしてこの宇宙には一つの「全体性」しかありえないからである。

「話す」は「心らしさ」を豊かにするが、「書く」は時と場によって「心らしさ」を歪めるなり減ずるなりする。実際、人類の古代史以前において「書く」がとりあえず無用であったことは広汎な傾向である。そのような歴史を色濃くもつ人々が日本人にも属している。アイヌの人々である。アイヌという言葉はもともと「人間」を意味しているが、この「人間」という言葉は「アイヌ」という言葉のもつ原義を汲みつくしていない。「人間」という言葉は他の「生きている物」との差異を強調するために生まれている言葉だが、「アイヌ」という言葉にもそのような要素はもちろんあるが、その趣旨は違う。

「人間」と「他の生きている物」との差異のとらえ方においては、アイヌの人々の場合、「違う」という視点よりも「溶け合う」という視点が先行している。「心らしさ」がそこに潜んでいる。以下、詩の様式に従ってここでの散文を行換えで示す。

アイヌの人々の生活の中で
〈違う〉の必要性が
〈溶け合う〉の必然性に
少しずつ進入し

差異としての存在性が
融合としての同一性に
少しずつ進入し
「アイヌ」という言葉が生まれた
「アイヌ」であれ「人間」であれ
「アイヌ」と「人間」が「人」を指し示すかぎり
「アイヌ」という言葉
「人間」という言葉は
「言葉そのもの」の本質を指し示す
「アイヌ」という言葉は
本質的に「自然」を指し示し
「人間」という言葉は
本質的に「文明」を指し示す
そのどちらもがともに「人」を意味する
「言葉」が他生物との差異を生む必要性のためには
アイヌの人々にとって
「話す」のみで充分であったし
「書く」は余分であった

ランボーが自国語である フランス語の母音に向き合ったのは、アイヌの人々における「言葉」感に通ずる何かしらがあってのことと「直感を分析する直感」にはとらえられる。ランボーは詩人として「書く」の専門の場に立っていたが、その「書く」は彼の天才によって極められ、「沈黙」や「夜」など「表現し得ないこと」を書こうとした。それが西欧における「言葉」が辿り着いた場所である。「書く」を必要とする〈文明〉の最先端の場にあって、この天才詩人は「書く」を必要とする〈詩人〉として「詩の言葉」を書いた。この詩人において起こった「交差」のありようはただごとではありえない。〈詩そのもの〉は「書く」を必要とする〈文明〉にとっては「書く」の「残余」であり「余剰」である。このことが若き天才詩人にとっては逆転した光景となって現れる。〈詩〉における「書く」が最高のものであるとすれば、〈文明〉における「書く」は最低のものとなり、その落差の極まりがこの詩人に「眩暈」をもたらすのも必然である。だが、もともと「書く」が言葉の「残余」であり「余剰」である世界からすれば、この天才詩人に起こったことは西欧文明の抱えていた宿命であったと直感にはとらえられる。それゆえにランボーは自らの急ぎすぎる半生の幕を閉じ、アフリカの地に渡り、一介の商人となって残余であり余剰である「生」を「肉」として生きた。

ランボーの生きた時代と場所とは違っているが、知里幸恵という一八七九年生まれのアイヌ女性が日本の北端の大きな島（小さな陸とも言える）北海道で、その短い生涯を生きた。アイヌの言葉を研究課題とした言語学者金田一京助との出会いが彼女の運命を決めた。それはまたアイヌの言葉の運命をもまた決めることになった。

アジア大陸の圏外である日本列島の最北の島で生きていたアイヌの人々の歴史は、その立地条件に加えて「長い冬」と「海に囲まれた山野の広がり」を特徴とする環境にあって、近代に到るまで文明との接触は必要最小限にかぎられていた。そのような生活の中で求められるのは、何よりも〈自然との融合〉であり、〈自然に溶けた神（カムイ）との融和〉

であった。その融合のありようはまた、人と人、人と動物との間でも同じであった。このような生活において言葉は「話し言葉」があるだけで十分である。少なくとも現代文明の波が寄せてくるまでは「書き言葉」は不要であった。「物そのもの」や「人そのもの」や「神そのもの」が自然としてあり、「言葉」もまた自然の求めるかぎりで用は足りている。

知里幸恵が生まれた時期は文明開化が日本の進み行きを加速化する時代と重なり、彼女の「生きる」は日本の文明開化の進み行きと重なっていた。その青春を勉学に捧げ、その文才がアイヌ語研究のために北海道を訪れた金田一京助の目に止まった。知里幸恵が金田一京助からアイヌの神謡や詩曲の貴重さを教えられ、研究への協力を促されたのは十六歳の時だった。その後十九歳の時に、東京の金田一京助宅に寄寓し、祖母や伯母から聴き知ったアイヌの神謡をローマ字表記で文字化する仕事に没頭する。その成果としてアイヌの言葉は文字として定着することになった。アイヌ神謡の伝承が途絶えることとの危機感が文字化の必要を迫ったのである。「書き言葉」の必要性が最高度に高まったときアイヌ語のローマ字法による表記が工夫され、「非文明」が「文明」のありようを告発するという言葉の歴史に関する皮肉で逆説的な展開が一つの奇跡として起こった。知里幸恵はその奇跡を可能にするために自らの命を削った。原稿の校正を終わるのと時を同じくして、心臓麻痺が厳寒の気候下で育った彼女のか弱い身体を襲った。享年、十九歳だった。メルロ＝ポンティが知覚の全体性理論の確立を目指す仕事の途上で同じく心臓麻痺によって逝ったことを思えば、西洋と東洋をまたぐ一つの奇遇であった。

メルロ＝ポンティが「肉」概念（chair〈肉体〉、corps〈肉〜霊との対比〉）を人間と世界の関係についての全体性を同定する鍵概念とすることからすれば、本論の「意味」と「意図」の二つの鍵概念についてあらかじめ両国語の差異性と共通性を際立たせておくこともむだではない。本論とメルロ＝ポンティ理論それぞれの方法についての差異はすでに述べたが、前者が〈直感〉を方法とし、後者が「論」の〈理〉を方法としていることについては、それぞれの方法がともに「言葉」と密接していることからしてそれぞれの国語の差異の影響は無視できない。現に前掲したことから知れるとおり日本語のもつ特殊性は際立っている。

前掲の両国語の言葉の例示では名詞がほとんどであることから、日本語の場合では「漢字」が中心となっている。だが、日本語の一般的な利用のしかたはここでの文章に如実であるが、「漢字」以上に「ひらがな」が多用されている。直感分析に直感が使用されていることからすれば、直感にとって「漢字」と「ひらがな」の併用は本質的意味を担っている。既述のように「漢字」は象形文字として「形」を本質としている。「意味」はそのうちに含まれている。他方、「ひらがな」はその出自が「漢字」にあるにしてもその「形」は崩され、流麗な線のありようをした新たな形が生まれている。「ひらがな」はその出自である「漢字」の表現法では「平仮名」と呼ばれる。「平」はその姿の流麗さを示し、「仮名」は自らのありようが「仮の名詞」であることを示している。

今現にここでは「直感が直感を分析する」がこうして展開し、その現れが「全体性」とともにあることはそのこと自体において自明となっているが、その「全体性」を支えているのは「漢字」と「ひらがな」である。それを支えているのはメルロ＝ポンティの述べるような「肉」ではない。なるほど今現にここで私の「肉」としての「指」がコンピューター機器のキーとしてのありようの「物」を打ちつづけていて、実際今現に「私の〈指〉」と「キーとしての〈物〉」がそれぞれ「肉」として互いに接触を繰り返し、ワープロの画面としての〈物〉の上に「漢字」と「ひらがな」の文字が次々と生まれている。この事象のうちに直感がその「全体性」とともども働きつづけている。その際、〈指〉も〈物〉もメルロ＝ポンティ概念としての「肉」であるとすれば、彼の述べるように「右手」と「左手」の相互感触のような事象が今現にここでも起こっていると述べても、それが「論」の〈理〉のことであるとすれば的外れではない。「生きていない物」もまた人間の「生きる」との関係で交差し「肉」となり、そこに「肉」同士の「交差（キアスム）」が展開し、「動く」がありつづけ、その「動く」は一方から他方への一方向的な動きではなく「可逆性」のものであると述べても、やはりそれが「論」の〈理〉のことであるとすれば的外れとはなっていない。

今現にこうして生まれつづけている「漢字」と「ひらがな」は確かに私の〈指〉から生まれつづけているが、私の〈指〉だけではこのことが起こりえないこともはっきりしている。本論の立場からすれば、それを起こしているのが直感である。私の「自己」と「非自己」があらゆる〈ありよう〉のうちで可逆的に動く〈ありよう〉が、これらの「漢字」と「ひらがな」を生みつづけている。そのようなありようをメルロ＝ポンティが「肉」における「交差」と呼び、「私」を「世界」につないでいると言うのであれば、その「肉」が何を意味するかは彼の「論」の〈理〉に従うよりない。実際ここで起こっていることは「交差」と「可逆性」による展開である。そのことに反論するいわれは本論にはない。実際、そのことはこの場で今現に起こっている。だが、それはけっして「論」の〈理〉としての「肉」によってのみで起こっているのでないこともまた、同時に強調しておかなければならない。

「漢字」は「論」の〈理〉の「肉」によって生まれることがありうるが、「ひらがな」はそれのみでは生まれないこともまたはっきりしている。「ひらがな」による表示のありようには、それこそ無数の「動く」や「揺れ」や「可逆性」が必要である。「知覚」や「感覚」では尽くせない何かがそこにある。何らかのありようの「残余」あるいは「余剰」がそのことを陰から補っている。それを本論は「情覚」と名づけた。この「情覚」は「肉」のように「身体」と直接結びついてはいない。直感にはそのような要素が含まれている。ランボーの詩はそれを命綱にして生まれているし、アイヌ神謡はそれを命綱にして今も歌われている。

「漢字」が論述の方向に傾くのとは反対に、「ひらがな」は詩作の方向に傾く。「漢字」は〈理〉を伝えるが、「ひらがな」は〈情〉を伝える。「漢字」は〈理〉から生まれるが、「平仮名」は〈情〉から生まれる。あえてメルロ＝ポンティ流に述べれば、ここには〈理〉としての「肉」と〈情〉としての「肉」がある。単に「私」の方に「肉」があるのみならず、世界の方にもまたそのような「肉」があって、その関係性において「交差」と「可逆」が起こっている。そして、ここには確かにそのようなありようの「全体性」がある。

メルロ＝ポンティの「肉」概念は「論」の〈理〉によって導かれ、それによって「全体性」が目指されているが、ここでの文脈における〈現われ〉と〈流れ〉は、ただ単に「直感が直感を分析する」を前に進めているだけであり、ここにあるのは直感のみであり、そこに「知覚」が加わるのは直感としての「知覚」である。ここでの知覚概念は実存概念であり、メルロ＝ポンティ理論が論述するように「交差」を鍵にして「方向性」を含みながら揺れていることは見てのとおりである。「全体性」のありようは「感じる」がここにあるかぎり、今現にここにあって、ここでの論述を前に進めている。筆者の直感としての言動は「文」のありようとして、かつ「動き」のありようとして現にここで今展開している。ここには外もないし内もない。そこに「生きる」があって、筆者の「自己」がそれを主導している。すでに述べたようにメルロ＝ポンティの知覚論にはセザンヌやマチスなどの画家に典型的に現れる「感じる」が導入される。だが、メルロ＝ポンティが自らの知覚論に画家の「感じる」を接合しているかぎりで、その「感じる」は「知覚」の内にある「感じる」である。セザンヌやマチスの「感じる」そのものがそこにあるわけではない。それが「肉」を通して接合されるにしても、それもまた知覚論の内から外に出ることはできない。

メルロ＝ポンティは「真理」を「根源的存在」として求めているのであって、「感じる」そのものを求めているのではない。「真理」が〈世界〉を基礎づけるにしてもそれは〈世界〉にかぎられることであり、〈世界〉は〈世界〉であってその全体性は「真理」との関係にかぎられる。しかも、その「真理」は「真理」と呼ばれるかぎりにおいて知覚と関係する「真理」である。そこからは「感じる」が抜け落ち、それのみならず「物そのもの」のあいまいさ、二重性が抜け落ちてしまう。「物」に関しての「真理」とは「物」のことなのか、「物そのもの」のことなのか。前者であれば物理学における「真理」が科学として控えていて、この領域における「物」ということであれば「物そのもの」における理を「真理」との関係で扱っている。その場合の「物」は「物」の全体性を指し示し、「宇宙」と呼ばれる。そのそれぞれの「物」に名前が付いているのは便宜上のことであって、そのすべてを記号化することも可能である。「物そのもの」のことについては、すでに繰り返し述べたように前記の「物そのもの」とは別のありようの「物そのもの」が控えている。「真理」ではなく「感じる」との関係で浮上する「物そのもの」である。そこにはまた別のありようの「全体性」が控えていて、画家が向き合っているのはそのような「全体性」である。このことについてはすでに述べたことだが、本章ではそれを「意味」と「意図」の二概念によってとらえ直すことが求められている。「意味」ということであれば「言葉」が前面に出るし、「意図」ということであれば「行動」が前面に出る。そのいずれにおいても「感じる」は特徴的に属していて、本章の主題はそのことに絞られてきている。詩における「言葉」が「感じる」を特化することについてはこれまで述べてきたとおりであり、他方「行動」は「身体」との関係で別のありようで「感じる」を特化する。前者の「感じる」は「情覚」によって、また後者の「感じる」は「感覚」によって特徴づけられるととらえられるが、その両者のありようにおいて「意味」と「意図」のありようがそれぞれ違っているとあらかじめ想定されている。

「知る」にせよ「感じる」にせよそれらを演出するのは「時間」である。その証は、本論が長い時間をかけてこうして進んで来たことに如実である。それはただ単に「時間」のありようの〈事実〉を告げているにすぎないが、「時間」の本質を告げる言葉は「時間」以外にはない。今現にここにある「進む」は何よりも「経過」として特徴的であり、その成果は文字となって残されている。この「経過」は「文字」と一つになって現れつづけ（生まれつづけ）、文章の長い連なりとして残り、それは今もこうしてなお現れつづけ（生まれつづけ）ている。その背後にあって、あるいはそれと一つになってこのありようを演出しているのが「時間」である。

「演出する」と言うにはここでの時間のありようはとらえどころがなく、あるのかないのかもわからないようなものだが、事はこれまで文字として紛れもなく前に進んできたし、現に今もここでも文字として現れつづけている。それは単に時間のありようを事象の内に示しているにすぎないが、ここで働いている直感にとっては「時間」の本質のありかはとらえやすい。思惟の過程を経なくても用は足りているからである。あらかじめ「時間」のありようは「直感」

のありようと似ているという仮説を立てておいてもよい。そのどちらもが今も現にここで働いていること、しかもそれらがともに「生きる」と密接であることがこの仮説を指し示す。

ここでの文章の現れは「直感が直感を分析する」としてあるが、この「分析する」を成り立たせているのは一つには「知る」であり、それと一体となって「感じる」が直感のありようを示している。そしてそれを演出しているのが「時間」であるととらえられる。「演出する」とは何でありどのようにあるかははっきりしないが、「時間」のありようとしてはいかにもそれらしい言葉である。以下、「演出する」に目標を定めて「時間」について直感分析を試みることにする。

命題10　「時間」は演出する。

命題11　「直感が直感を分析する」は「知る」と「感じる」から成る。

命題11―1　「知る」と「感じる」は一体としてある。

命題11―2　「知る」と「感じる」は「心」のありようである。

命題11―3　「知る」の裏側には「分かる」がある。

命題12　「直感が直感を分析する」における「知る」は「考える」と「動く」から成る。

命題12―1　「考える」は「心」のありようである（「思惟」）。

命題12―2　「動く」は一つには「物」のありようである（「運動」）。

命題12―3　「動く」は一つには「身体」のありようである（「行動」）。

命題13　「直感が直感を分析する」は「思惟」と「行動」から成る。

命題14　「時間」は「思惟」と「運動」と「行動」を演出する。

命題14―1　「時間」は「心」の「考える」を演出する。

命題14―2　「時間」は「心」の「知る」及び「分かる」を演出する。

命題14―3「時間」は「心」の「感じる」を演出する。
命題14―4「時間」は「物」の「動く」を演出する。
命題14―5「時間」は「身体」の「動く」を演出する。
命題15「時間」の「演出する」は、「心」と「身体」と「物」のありようで違っている。

［Ⅰ］「時間」における「演出する」～心の場合～
命題16「考える」「知る」「感じる」はそれぞれ独特な進み行きである。
命題17「考える」「知る」「感じる」の進み行きは、「動く」の進み行きとは特徴的に違っている。
命題17―1「考える」における「経過」のありようは、「知る」や「感じる」における「経過」のありようとは特徴的に違っている。
命題17―2「考える」における「経過」は「変化」である。
命題17―3「知る」における「経過」は一般に「瞬時的」である。
命題17―4 知るまでには「知る」はなく、知ってしまえば「知る」は「持続化」のありようをし「知っている」に変わる。
命題17―5「分かる」における「経過」は「知る」における「経過」よりも一層「瞬時的」である。
命題17―6「感じる」における「経過」は「持続的」であるが、「変化」は乏しくゆるやかである。

［Ⅱ］「時間」における「演出する」～身体の場合～
命題18「直感が直感を分析する（以下、直感分析と表記）」における「身体」の「動く」は主として「指」である。

命題18―1　「直感分析」における「指」の「動く」は、「身体」の「動く」の部分としてある。
命題18―2　「直感分析」における「指」の「動く」は、「指が動く」と「指が止まる」が交互に現れる。
命題18―3　「時間」にとって「指が動く」は「変化」としてある。
命題18―4　「時間」にとって「指が止まる」は「持続」としてある。

［Ⅲ］「時間」における「演出する」～「変化」と「持続」～

命題19　「時間」の「演出する」は「心」と「身体」の二様で違っているが、「変化」と「持続」から成る点では同じである。
命題19―1　「時間」としての「経過」には、「変化」を特徴とするものと「持続」を特徴とするものがある。
命題20　「時間」の「演出する」は、「変化」と「持続」である。
命題20―1　「時間」における「変化」とは、「心」との関係では「考える」の「変化」であり、「知る」における「変化」であり、「感じる」における「変化」である。
命題21　「考える」における「変化」とは、「表象」のありようの「変化」である。
命題22　「知る」における「変化」とは、「知る」のありよう、たとえば〈程度〉とか〈視点〉など「質」における「変化」である。
命題22―1　「知る」の「質」における「変化」は「持続」と重なっている。さもなければ「知る」の際立ちとしての「瞬時」が特化される。
命題23　「感じる」における「変化」とは、「感じる」のありよう、たとえば〈暖かさ〉とか〈明るさ〉など「質」における「変化」である。

命題23—1　「感じる」における「変化」は「持続」と重なっている。さもなければ、様々なありようの「感じる」の契機が特化される。
命題24　「時間」における「変化」とは「身体」との関係では「動く」における「変化」である。

［Ⅳ］「時間」における「演出する」～「物」の場合～
命題25　「物」における「変化」は「生きる」ではない。
命題26　「物」にとっての「時間」は「生きる」と関係しない。
命題27　「物」と「人間」が関係を持つ場合における「時間」は間接的に「生きる」と関係する。
命題27—1　「物」と「人間」が関係をもつ場合、「物」の表象、「物そのもの」としての表象の二種の表象との関連で「生きる」が特徴化する。
命題27—2　「物」と〈物理学者〉や〈芸術家〉などが関係をもつ場合には、その「生きる」と関係して「物」は「物そのもの」のありようへと変化する。
命題28　「物」にとっての「時間」は「生きていない」と関係する。
命題29　「物」の場合、「時間」における「変化」は、人間との関係で「見える」と「見えない」の二種が特徴化する。
命題30　「物」の場合、「時間」における「持続」は、「人間」との関係で「見える」における「止まる」として現れる。「人間」と関係しなければ「完全な静止」としてあるが、物理学がとらえられない「完全な静止」については不明としてある。
命題31　「物」にとっての「時間」は「生きている」と関係しないかぎりで謎である。

第二章　「構成」と「直感」の可逆的交差

第一節　「構造」と直感

「行動」という言葉は「生き物」の「動く」に特化される表現であり、「生きていない物」の「動く」は「運動」と呼ぶのが一般的である。これは単に表現としての差異ではなく、本質的な差異である。「行動」と「運動」とでは「動く」の意味そのものが違っているだけでなく、「動く主体」が「生きる」と「生きていない」で明らかな確かさで二分されている。「生きる」には「意図」が属しているが、「生きていない」には一般的な意味での「意図」は属していない。そこになお「意図」らしいありようを認めるにしても、それは限定付きの「意図」である。「生きていない意図」とでも逆説的に呼んでおくのがよいかもしれない。実際、そのような意味で「動く」が二分され、「行動」と「運動」の二つの表現が生まれている。

本書の主題である「行動」は「生きている物」のうちでも「人間」に特化される「動く」である。動物一般の「行動」は本書の論述の直接のターゲットにはなっていない。本論では「直感」が同時に問われているからで、しかもその「直感」は「一般直感」に特化されている。哲学が方法とする「純粋直観」からは「一般直感」はもちろんのこと動物に特徴的な「根源直感」も当然のこととはいえ排除されている。このことを「心」との関係で換言すれば、哲学の領域では方法としての「思惟」における「心」のありようが特化されている。それがメルロ＝ポンティ理論の方法と直感分析論の方法との差異であり、前章ですでに述べたように「思惟」に関係する「感じる」の二つのありようの差異である（「感覚」と「情覚」）。それはまた「純粋直観」と「一般直感」の差異である。このこととは違う差異として、もともと「根源直感」概念の扱いの差異が存在している。

「根源直感」は動物一般に通ずる「感じる」であるが、西欧哲学は伝統的に哲学の方法としてはもちろんのことだが、「直観」概念との関係でも「根源直感」を認めていない。それは一つには「論理」の〈理〉を純粋に保つためであるが、いま一つには前記したように「心」の要素としての「感じる」を「感覚」に狭くかぎることによってもこの事態は起こっている。この問題はすでに述べたように「行動する」と「感じる」の関係を問う場合には重要な契機として浮上する。「行動」は「生きている物」の「動く」とされ、また「運動」が「生きている物」と「生きていない物」の「動く」とされる際に、「人間」、「生物（動物と植物）」、「無生物」の間の「連続性」に「全体性」との関連で焦点が定められるからである。「生きていない物」における「動く」はとりあえず「物理学」における「物」の〈理〉に任せておけば用は足りる。だが、動物や人間の「行動」ということになれば、その扱いは一筋縄ではいかない。

動物は現に多くの謎の行動をとることが観測されているし、また人間の行動における「感じる」、とりわけ芸術活動における「感じる」は感覚以上のありようを示すからである。それらの「謎」の鍵を握っているのが「根源直感」であり、「一般直感」であろうと本論ではとらえられている。このことを解く鍵概念として、これまで繰り返し「人間の行動」との関連で触れてきた「意味」と「意図」の両概念がある。とりわけそのどちらの言葉にも共属する「意」のありようが重要な鍵を握っている。これについても前章ですでに日本語とフランス語との対比で取り上げ、フランス語には「意」にふさわしい「言葉」がとりあえず見当たらないと述べた。

ここで改めて「意」を日本語の辞書で確かめてみれば、「心」「心の動き」「考え」「気持」と記載されている。逆にフランス語の辞書でそれらの言葉を確認してみれば、pensée（考え）に「意」の意味が記載されているが、cœur（心）には「意」の意味は記載されていない。このことからも東洋と西欧の言語観の差異が見えてきており、日本語の「意」はどちらかと言えば「心」に傾くありようを示し（もともと中国経由の漢字の「意」の意味もやはり「心」が第一義である）、フランス語ではあえて「意」の意味を問えば「考え」に傾くありようを示す。他方、本論では「直感」の要素としての「心」との関係で「感覚」以外の「感じる」として「情覚」という新語を必要とすることになっている点において、前記のことは極めて示唆的である。

東洋的「意」が「心」を志向し、西欧的「意」が「考え」を志向していることは、東洋的「感じる」が「情覚」を志向し、西欧的「感じる」が「感覚」を志向することと相見合っている。もちろん前者の場合には「情覚」に「感覚」が添うことが前提となっているが、後者は「感じる」を主として感覚に託すありようをしている。「感じる」のすべてを託された「感覚」が「感じる」のすべてを担い切れず、その力不足を「知覚」に託すのも必然であり、デカルト以降の哲学（形而上学）がその道を歩んで西欧の現代がある。

メルロ＝ポンティの論ずる絵画論は、西欧画家の「感じる」を柔軟かつ鋭い論の〈理〉でとらえていて、その「感じる」の西欧的特徴と秘密を明らかにしている。その「論」の〈理〉が現象学的方法によって柔軟にされ、画家の〈肌理〉の細やかさをとらえることに成功している。そこに紛れもなくメルロ＝ポンティの直感が働いているが、その直感は一貫して「自己」と「非自己」の交差において「超越」に偏向し、それを通して画家の「根源」に通ずることが可能となっているととらえられる。セザンヌやマチスの描く〈色〉なり〈線〉なりは、デカルトの時代（ルネッサンス）から流れきたっている西欧的な「〈知〉＋〈感覚〉」を克服しているが、メルロ＝ポンティがそれを「論」の〈知〉で論述できるかぎりにおいてデカルトの表象枠（たとえば「遠近法」）から完全に抜けできているわけではない。

マチスの描く〈線〉としての進み行きやセザンヌの描く〈色〉としての質的広がりは、メルロ＝ポンティがとらえているように「物そのもの」へ肉迫している。〈線〉は「線そのもの」として生まれ、〈色〉は「色そのもの」として生まれていると、メルロ＝ポンティの「論」の〈知〉がわれわれ東洋人の直感に教えてくれる。だが、それはそのかぎりではなお閉じられた「全体性」のうちにある「物そのもの（〈線〉と〈色〉）」である。ピカソがさらにその枠を破って「かぎられた全体性」の次元を破壊したにしても、その「全体性」が直感として内に含まれるようにはなっていないからである。逆に絵としての「あいまいさ」が内として「明らかな確かさ」を得てしまっているからである。西欧の画家達と同じ心的構造をもつメルロ＝ポンティの「論」の〈知〉がそれをとらえることが可能になっているのもそれゆえである。

西欧哲学の破綻は、ニーチェが自ら抱える〈あいまいさ〉と向き合いながらであるにしても、西欧哲学の進み行きの問題性をその〈根源〉ともども暴くことによって明らかにした。西欧哲学の最終段階において、ニーチェは「知覚＋感覚」によってしても世界の進み行きをとらえることができず、結局その〈根〉に回帰することが必然となった。ニーチェは一方において「永劫回帰」の法則を見いだし、他方において「力への意志」を措定し「超人思想」を生みだした。ニーチェによって前記の道筋が見いだされたのは「知覚＋感覚」によってであろうと本論ではとらえられる。「知覚」はその後の西欧の思潮を導き、現象学、現存在分析論、実存哲学となって現れ、その棹尾を飾ったのがメルロ＝ポンティの理論であるととらえられる。

前記のような流れのなかにメルロ＝ポンティを位置づければ、彼が「科学」のもつ構成主義を批判しながらも、その知見を積極的に自らの理論の補強に用いた事情もよりはっきりと見えてくる。彼が科学を批判するのは「真理」との関係においてであるが、他方で科学の〈知〉を頼るのも必然であり、「実存」との関係で「真理」をとらえようとすれば「実存」に属する「事実」のありようを必要とするからである。西欧哲学が行き詰った場所で、現代哲学は一方で「科学」を必要とし、他方で「実存」が必要となった。前者は事実の〈明らかさ〉の確認としてあり、後者は「心」と「身体」の統合の〈あいまいさ〉の確認としてあった。そこで浮上してきた鍵概念が一つは「肉」であり、いま一つは「キアスム（交差）」である。

メルロ＝ポンティは前記の二つの概念を鍵として西欧哲学の再生を目論んだが、その困難は彼には十二分にとらえられていた（「眼と精神」参照）。だが、その道を行く以外には道はなく、そのための研究ノートを作成しつつあった彼に突然襲った死は、〈西欧哲学（形而上学）の長い歴史〉を担うことの必然的結果であることを象徴している。メルロ＝ポンティの哲学者としての進み行きは、遠く古代から伝わる西欧的「存在」概念との道行きであったととらえることが可能である。

人間が人間の側に立とうと思えば、前記の進み行きは避けては通れない道である。「心」の代表として「知覚」を立て、その不足分を補うありようとして「感覚」をあてがい、それを「身体」との仲立ちとして定めることになる。そこで鍵となったのが「肉」概念であり、そのありようが単なる〈構成〉に終わらないためには「キアスム（交差）」を原理とし、「真理」として確立することが必要だった。メルロ＝ポンティが挑もうとしたのはこのことであったろうと想定される。方法こそ違え、その目指されているものはそのまま本論と重なっている。ただし、本論の目指すところは人間の「生きる」であって、人間にとっての「真理」ではない。「真理」は西欧哲学の抱えている未解決な問題として残されている。メルロ＝ポンティの予言的論述によれば、それは〈永遠の未解決〉である可能性さえある。だが、人間が「生きる人間」であろうとするかぎりこの道は放棄されることはないであろう。現にメルロ＝ポンティは死の直前までデカルトの本を机上に置いて、その道を歩み始めていたからである。

本論もまたそれら多くの金字塔を直感のうちに含み持ちながらこの道を進む。「全体性」は「真理」としてではないにしても、今も現にここにあって働いている。その証こそが何よりの拠り所であり、「世界」は一瞬一瞬始まり、こうして前に進んで「世界」が「世界」を受け継いで新たに生まれつづけている。その舵取りを、本論では「意味」と「意図」の二概念が担っている。「意味」には「意味A」と「意味B」があり、「意図」にも「意図A」と「意図B」があると想定されている。また、前記のような複雑さがこの「世界」との道行きに潜んでいることからすれば、深層を示す「意味B」と「意図B」は「超越」と「根源」を同時に指し示す。「意味B」と「意図B」はさらにそれぞれ「意味B1」と「意味B2」、「意図B1」と「意図B2」に二分化するととらえられている。「行動」が直感と交わる複雑さがこのような進み行きを迫ってきている。

前記のことはメルロ＝ポンティが西欧の〈知〉によって歩んだ道と重なっている。その〈知〉もまたメルロ＝ポンティの直感のうちで働いていたはずであると本論ではとらえられるが、彼がその〈知〉を「真理」に捧げて純粋化しようとしていたかぎりにおいてその直感は特殊なものになっていた。本来〈知〉は直感の内に含まれるものと本論ではとらえられているが、直感のありようは千差万別であり、その特殊化はさまざまなありようをすることも事実である。

メルロ＝ポンティが、その「全体性」概念を〈知〉として最大限に拡大することもありえないわけではなく、その場合には「感じる」は〈知〉としての「身体」と一つになる（「肉」）。その結果、その「感じる」は必然的に「感覚」のみに特化されることになる。ここにおいて本論とメルロ・ポンティ理論との差異が歴然となる。

本論では直感が「全体性」としてあるから（たとえば「神」の「全体性」もまた人間が生きているかぎりでそのうちに含まれている）、「身体（感覚）」も「感覚以外の感じる（情覚）」も直感のうちに含まれるし（「自己」領域の身体性、「情覚」についてはなお今後の課題としてあるが、「非自己領域」である可能性も高い）、〈知〉もまた別のありようで直感のうちに含まれている（「自己」領域の心性）。「循環」と「重畳」がこれらすべてのありようを一つにしている。ともあれ、ここではあえて「肉」概念は必要ではなく（メルロ＝ポンティ理論の〈知〉を必要とする場合には「自己」領域経由で必要となる）、「心」と「身体」の二分のありようもそのまま直感に属している（「自己」と「非自己」、「超越」

と「根源」のそれぞれの相対性の内部)。前記した「意味」や「意図」の二分、「A」と「B」の二分、「A1」と「A2」および「B1」と「B2」の二分なども、それぞれの「循環」と「重畳」によって一つになっている。それらはいずれもメルロ＝ポンティ理論にあるように「可逆的」に「交差」している。

ここで再び、ここでの論述の進み行きが「直感が直感を分析する」であることを確認しておくのがよい。今ここでは新たに「全体性」概念が前面に出てきており、その進み行きは最終段階に近づいている。ここでの論述も、それに従って「直感が〈全体性〉を分析する」を含みもつことへと移行してきている。これは〈理〉の必然である。すでに確認されているように「直感は〈全体性〉としてある」ことが前提条件になっている。だが、その場合の「全体性」は「人間」の「生きる」にとっての、また「人間」の「生きる」としての「全体性」であることも前提条件である。それゆえに他のありようのすべての「全体性」がそのうちに含まれることにもなっている(直感的逆説)。

端的に述べれば、それは「人間」の「生きる」における主観性としてある「全体性」であり、その「生きる」の主体が「自己」であると規定されている。だが、同時にその「全体性」のありようが直感であることによってこの「自己」は相対化し、常に「非自己」と一つになっている。その「非自己」には特徴的に「物そのもの」が属しているし、たとえば「神そのもの」も属しているし、いわゆる「自然そのもの(生物そのもの)」も属している。ここで問題となるのは、「表象」がこの「全体性」のうちでどのようなありようをしているかである。

前記の文脈のうちで「意味」と「意図」の二概念はどこに、どのようなありようをしているのか。少なくとも「意味」は「表象」を表向きに纏っているということは分かりやすい〈理〉である。「物そのもの」は「人間」にとって「表象」を纏って「物」となっている。そのことの内のどこかに「意味」は潜んでいる。「神そのもの」についても同様であるはずで、そのありようのどこかに「意味」は潜んでいる。「自然そのもの」にとっても同様であるはずで、そのありようのどこかに「意味」は潜んでいる。そのようなさまざまなありようのうちで「人間」がどのようにしてあるのかが一つの謎となっている。

直感はひとり人間にかぎられるものではなく「生きている物」に普遍化するものととらえられていることからすれば（「根源直感」）、その広がりは大きく、それが個々の主観性としてあるにしてもそのありようは複雑である。その鍵を「意味」と「意図」の二概念が握っているととらえられる。その鍵の一つを「生きる」が握っている。「生きる」によってその「全体性」が生じている。「意味」と「意図」はそのことと密接に結びついているはずである。「意味」概念も「意図」概念も「生きる」と一つになっている。この概念自体が実存概念であることが確かめられる。

この「意味」、この「意図」は単なる表象ではない。それは直感にとっての「意味」であり、「意図」である。「意味」と「意図」は直感の働きとして直感の働きの内にある。以上のことを、ここで命題化しておく。

命題32　「意味」と「意図」は働きとして、働きの内に、働きとともにある（「実存概念」）。

命題33　「意味」と「意図」は動いている。

命題34　直感にとっての「全体性」は「意味」と「意図」から成る。

命題35　直感にとっての「全体性」は動いている。

ところで「意味」と「意図」はそれぞれどのように違っているのかが次に問われる。まずはその文字そのもののありように着目してみる。とりわけそのどちらもが「意」を共有していることに注目してみる。このことについては、すでに述べた文脈のうちで取り上げたものである。日本語とフランス語の差異についての文脈であった。それらについて参考文として、以下再現しておく。

参考文1　「意味」と「意図」は「意」を共有する。

参考文2　日本語の「意」は「心」「心の働き」「考え」「気持」を意味する。ちなみに、フランス語の「意」は、「心」よりも「考え」に近い意味傾向をもつ。

参考文３　「意」という漢字は、「音」と「心」から成る。
参考文４　日本語の「意味」は「意を味わう」に通ずる。
参考文５　日本語の「意図」は「意を図る」に通ずる。

命題36　「意味」と「意図」は「広がり」と「深まり」をもっている。
命題37　「意」は「意味」と「意図」それぞれの「広さ」と「深さ」を支えている。
命題38　「意」は直感の核になっている。

ところで直感に核があるとすれば、その核とは何であろうか。本論では、直感は「心の根本機能」と規定されている。改めてそう思うと、「心」は「身体」に優先した規定のありようをしている。ところが、「身体」は「物」を含みもっていて（たとえばメルロ＝ポンティの「肉」概念）、「心」とは違った広がりのありようをしている。「身体」は「物」として広がり、宇宙の「全体性」に通じている。他方、「心」はそのありよう自体が「全体性」に通じていて、直感の「全体性」と大きく重なっている。そのようにしてある「心」の根本機能とされるのが直感である。そのように確認したうえで、改めてその核としてあると想定される「意」とは何であり、どのようにしてあるのかを問い、さらに直感とは何であるかを問う。

参考文６　直感とは「自己」と「非自己（超越と根源）」から成る働きであり、領域である。
参考文７　「意味」と「意図」は深さとして広さとしてあり、「自己」と「非自己（超越と根源）」がそれぞれ領域として働いている。そこに「運動」があって、「行動」がある。
参考文８　直感の領域としての働きが「運動」であり、「行動」である。
参考文９　直感の領域としての働きが「物」の「動く」であり、「生き物」の「生きる」であり、「人間」の「生きる」である。

命題39　「人間」の「生きる」において「自己」と「非自己」は一つとなり、その核が「意味」であり「意図」である。
命題40　「自己」と「非自己」を一つにし、「自己」の「生きる」の核となっているのが「意」である。
命題41　「意」には「一つにする働き」と「〈生きる〉を可能にする働き」がある。
命題42　「意」のもつ「一つにする働き」は、「全体としての領域」を指し示す（「構造」概念）。
命題43　「意」のもつ「〈生きる〉を可能にする働き」は、「人間の〈生きる〉」を指し示す（「実存」概念）。
命題44　「意味」と「意図」は可逆的に交差し、「人間の〈生きる（「自己」と「非自己」の可逆的な交差）〉を可能にしている。その核になっているのが「意」である。
命題45　「意」の働きとしての「構造」と「実存」の二概念は可逆的に交差する。
命題46　「意」のありようの本質は「可逆的交差」である。

ここで現に今も働いている直感は「全体性」として働いており、そのことに基づきかつそのことによってここでの論述の進み行きは今も現にこうしてつづいている。このことを逆に述べれば、直感とは「今現にここで進み行くありよう」であり、その直感自らの〈ありよう〉である。それをこうして言葉にしてしまえば一つの「事実」として残る（「直感的本質」）。直感についてのこのような述べ方は可逆的な論述の仕方である。同一の事象、同一の事実の方向性を変え（「事実」の場合は「表と裏を変え」といった方が分かりやすい）、直感的把握を確かなものとする方法である。この方法はすでに本論の論述でも随所で使用しているが、これからも引き続き使用されるのでここでその方法を「可逆的直感分析法」と特化しておく（その詳細の吟味については改めて別の機会に取り上げる）。

前記したとおり直感とはここでの論述の進み行きにある〈ありよう〉であり、ここにまさに現にある〈ありよう〉

が直感である。直感は「全体性」とともに働いて前に進む〈ありよう〉だが、このように「全体性」とともに働く〈ありよう〉が直感である。このような直感的事象、直感的事実を否定することがあるとすれば、この事象、この事実の現場の〈ありよう〉を信じない視点である。そのような視点の〈ありよう〉は信ずるか信じないかの〈ありよう〉だが、「自己」のものであれ「他者」のものであれ、直感にとってそこに「信じない」の根源が見えてこないとすれば「信ずる」が残る。

ここでのこの進み行きは筆者の「生きる」と結びついており、それは単なる表現でもなければ、単なるつぶやきでもなければ、単なる虚言でもない。そのそれぞれが「生きる」としてある〈ありよう〉である。それが虚言であるにしてもそうである。たとえば直感が「虚言」の〈書く〉を読めば、その文脈の生きている〈ありよう〉から「虚言」の〈ありよう〉をとらえることは可能である。これは一つの「直感が直感を分析する」だが、その場合、直感は〈書く〉の側にもあるが〈読む〉の側にもある。〈書く〉と〈読む〉の間を直感は行き来している。そのことによってその〈書く〉が「虚」であるか「非虚」であるかがそれなりにとらえられる。

自らの「書く」についてはそこに自己欺瞞がないかぎり「自己」にとって「虚」はありえない。「自己」が「虚」を否定すれば、そのまま「虚」はない。「他者」にとってもそこに自己欺瞞がなく、また「他者」自らの「書く」の「虚」を否定すれば、そのまま「虚」はない。このことは直感にとって何を意味しているかと言えば、「書く」「読む」」が自己完結している（「自己」・「他者」間の「交差」がない）場合には、そこに自己欺瞞がないかぎり、「虚」の吟味は必要がないということである。「偽る」は本質的に「他者」に対してである。だが、そもそも自己欺瞞とは直感にとって何であるかが問われる。その場合の「自己」が何であり、どのようにしてあるかが問題となる。直感にとって「自己」は「要素自己」としてある。その場合でも自己欺瞞とは「自己」が「自己」を偽ることだが、その「意味」のこととなれば一般的な「意味」で自己欺瞞と言う場合の「意味」とは違ってくる。そもそも「偽る」とは何であるかが直感にとっては問われなければならない。すでに命題にしたとおり「意味」は直感にとって本質的であり、直感の本質は「意（意味及び意図）」である可能性がある。

「偽る」には、それが自己欺瞞であれ二つの「自己」が必要である。偽る主体としての「自己」と偽る対象としての「自己」である。これは「単なる欺瞞（自己欺瞞でない欺瞞）」が自己・他者関係を措定することとのアナロジーを指し示す。だが、そうであっても「自己」が「自己」を偽ることは、「自己」が「他者」を偽ること（以下、〈自己欺瞞〉との対比で〈他者欺瞞〉と呼ぶ）とには本質的な差異がある。直感にとっても、直感の鍵概念である「意味」にとってもその差異のもつ「意味」は大きい。後者においては単なる「欺瞞（「他者欺瞞」）であるが、前者においては「自己欺瞞」である。

前記のアナロジーには「意味」における二重化が潜んでいる。だが、この二重化は「差異性」と「同一性」との間で揺れているととらえられる。自己欺瞞においては「自己」と「自己」が二つとして重なっているが、他者欺瞞における「自己」のありようは謎となっている。後者は「単なる欺瞞」と呼ばれうるのに、直感にとっては複雑な事象となって再現される。「自己」が「他者」を偽るとは、直感にとって何であるか、それはどのようにしてあるか。この逆説の「意味」を問うことが、そのまま直感の核と想定される「意」に通じているにちがいないと直感自身によってとらえられる。次節ではそのことを手がかりにして、引き続き直感と「行動」との関係のありようを追うこととし、それを本書の最終節とする。

第二節　表象作用と直感作用

最初に前節からの引き継ぎとなる総括的な命題を再掲し、ここでの「直感が直感を分析する」を進めることとしたい。

命題47　直感の本質は、「全体性」と向き合っている。
命題48　直感の本質は、「全体性」を前提条件とする「生きる」である。

この二つの命題は、前節の最終部での思惟によって導かれた命題の総括であり、筆者の「直感が直感を分析する」のありようを含みもつが、こうして節を超えること（「根源」から「超越」への移行）によって、「時間」も過去から現在へと移行している。もはやここにはかつてあった「直感は直感を分析する」の〈ありよう〉はない。前掲のとおり、二つの命題として言葉となった表象（逆に言えば、表象となった言葉）が「事象」から「事実」への移行としてある。このことのうちには無数の〈交差〉が〈可逆〉的に進行している。それがここで今現に進行している「事象」の「構造」であり、「働き」の「事実」である。それは筆者自ら（自己）が筆者自ら（自己）に向けて語る新たな「働き」であり、新たな「事象の展開」である。そのことによって前節の最終部にあった「構造」も「事実」も前掲の二つの命題に結晶する以外には「現在」に参加する術はもはやなくなっている。その裏で、今現にこうして無数の「交差」が無数のありようで「可逆」しつづけ、「構造」のありようもそのつど変化し、「事象」も「事実」も変化なり移行なりする。そのありようが総体としての「動く」である。

前掲の二つの命題における「直感の本質」がここでの出発点である。一つは「〈全体性〉と向き合う」であり、いま一つは「〈全体性〉を前提とする〈生きる〉」である。ただちに、この二つのありようから「向き合う」と「生きる」の主体は何であるかが問われる。すでに本論では「生きる」の主体は「自己」であると規定されている。そこでは「一般直感」が主題化されているからである。そのような「生きる」は一般的な「生きる」である。一般的な「生きる」には特殊な「生きる」も含まれている。「自己」とは人間のありようであり、その場合の「生きる」は人間の「生きる」である。そこでは特殊直感を含む一般直感が働いている。このような規定が「全体性」を指し示している。

この文脈における「全体性」とは、「人間が向き合う」全体性であり、「人間」の「生きる」における「全体性」である。ここで働く直感は自らの直感を分析しつつ前に進んでいるが、前節で分析の対象となり、その結果命題という形を取り、本節の冒頭に掲げた二つの命題に集約されて今がある。その真偽はともかくとして、表象として二つの命題が掲げられている。ただし、このように言うことも正確ではなく、それらが「直感が直感を分析する」の結果であるかぎりで、その言葉の一つ一つは単なる表象ではない。あえて言えば、「直感的表象」と呼ぶのが正しい。

前記したとおり、これらの「意味」は本節の場では新たに動き始める。それがここで今現に始まったばかりの「直感が直感を分析する」ありようである。「時間」と「空間」が、他の直感のありよう同様に互いに関係を保ちながら循環し、重畳している。前掲の二つの命題は前節の文脈に戻ったりしながら、逆に今こうしてさらなる新たな「意味」が加わって「動く」を進めている。そう述べて見れば、さきほど表象として固定した二つの命題のありようは、過去そうであったものの〈面影〉であり、〈面影〉は〈面影〉として留めながらも今現に現れているように〈その表情〉を変えている。このように現れている事象からすれば、そこでの「表象」という言葉は「表情」と呼ぶのが適切かもしれない。この「表情」は「表象」として前節と本節をまたがり（「重畳」＝「空間」）、その「意味」を微妙に変化させ、持続させている（「循環」＝「時間」）。ここで肝要なことは、前節においてあった「表象」なり「表情」は、本節になったからと言って、それが時間として継続しているかぎり、また「表象」の重なりとして空間がつながっているかぎり、過ぎ去ったものを「虚」として捨て去ることはできないということである。そのようにして〈過ぎ去ったもの〉を捨て去るということは〈自己〉（前述のとおり「全体性」と向き合い、それを前提としている）〉を否定することとなり、「生きる」の否定となる（これは直感のもつ（「生きるそのもの」の否定である）。それは直感にとってただちに〈死〉を意味する（「直感作用の表象作用への埋没」）。そこでの文脈から浮かび上がってきていることは、直感の〈本質的な意味〉である。その〈意味〉と前掲の二つの命題を関係づけてみれば、そこにどのような光景が浮上するか。以下、くどいようだが重要なことなので（〈意味〉の変化が新たに含まれているので）前掲の二命題を再々掲する。

命題49　直感の本質は、「全体性」と向き合っている。

命題50　直感の本質は、「全体性」を前提条件とする「生きる」である。

これら二つの命題はすでに次のように変化し、持続している。

命題51　直感の本質は、「全体性そのもの」と向き合っている。

命題52　直感の本質は、「全体性そのもの」を前提条件とする「生きるそのもの」である。

命題52―1　「全体性そのもの」とは、直感にとっての「全体性」のことである（「直感的全体性」、部分として現れる「全体性そのもの」）。

命題52―2　前記の「全体性そのもの〈直感的全体性〉」以外に多種のありようの「全体性」がある。以下、列挙する。

①部分の全体性…個々の「存在」（「物」、「物そのもの」）、個々の「事実」などのありよう。

②部分として現れる全体性…表象及び表象作用（言葉群、思惟、知覚）

③部分として現れる「全体性そのもの」…直感及び直感作用（直感的思惟、直感的知覚、感覚）

④部分としてある体系的全体性…物理的体系（宇宙）、学問的体系（各種学問）
⑤部分としてある表現的全体性（各種芸術領域）
⑥部分して現れる表現的全体性〈各種表現〉
⑦部分として現れる運動的全体性（行動、運動）
⑧部分としてある運動的全体性（各種行動領域及び運動領域）

命題52―3　「直感的全体性」は、直感にとって最大限の広さと深さをもっている。

命題53　「生きるそのもの」とは、直感にとっての「生きる」である（「直感的生成」）。

命題54　「直感的生成」は、直感にとって最大限の広さと深さをもっている。

これらの命題はいずれも直感作用に関するものである。ここで肝要なことは、「全体性」なり「生きる」なりはそれぞれ直感の本質的作用に関係しているが、それはあくまでも「直感」にとってのことであって、「直感的全体性」も「直感的生成」もそれ自体で「全体性」そのものや「生きる」そのものを完成させているのではないということである。

命題55　「直感的全体性」は〈部分〉として現れる〈全体性〉である。

命題56　「直感的生成」は〈部分〉としてある〈生成（「生きる」）〉である。

直感の規定にあるように直感は「自己」と「非自己」からなり、「非自己」とは「自己以外の一切」であるのに、なぜ「全体性」そのものではないのか。この直感としての「全体性そのもの」は「生きている物」の数（そこに「生きていない物」も含まれうる）だけあり、これは無限でありうる。そのありようは「全体性」そのものとは違う。「生きる」としての直感的現れである「全体性そのもの」は「全体性」そのものとつながってある（重なってある）のに対して、「全体性」そのものは唯一としてあり、前掲の他の全体性（「全体性そのもの」もその一つ）を表象的、超越的、根源的現れとして含んでいる。以下、前者を「全体性そのもの」あるいは「直感的全体性」と表示し、後者を「全体性」そのものあるいは「非直感的全体性」と表示する。

「非直感的全体性」は、そのありように人間が気づくにせよ気づかないにせよ常に唯一としてあり、その証は「感じる」としてしかとらえられない（「知る」の本質的部分性）。このように『直感的全体性（「全体性そのもの」）』は『非直感的全体性（「全体性」そのもの）』を感じることが可能であり、自らがそれと一体としてとらえられるにもかかわらず、それを「唯一の全体性」としか呼ぶ以外に術がないのは、自らに「生きる」が属しているからである。「生きる」はこのようなありようでしか「全体性そのもの」であれ「全体性」そのものであれ自らのものとすることはできない。それこそが「生きる」にまつわる限界である。

前記のことについては「知る」においても本質的には同じであって、「知る」が「生きる」に属しているかぎり、この「知る」はそれ自身「全体性そのもの」としてあり、またその「知る」の内容についても「全体性そのもの」経由のものであるかぎりにおいて「全体性」そのものには到達できない。これは直感論と西欧的知覚論との差異を示しており、メルロ＝ポンティはこの限界に挑もうとしていたととらえられる。「生成（生きる）」においても「全体性」同様のアナロジーがあり、「生成（生きる）そのもの」は無数であって、「生成（生きる）」そのものとは違う。前者は一個人の直感における「生きるそのもの」の直感的現れであり、後者は無数の「生きるそのもの」の表象（言葉）、超越（実証、論理、数理など）、根源（哲学など）の表現的現れであり、それらすべてを含む「生きる」そのものが全体的生成現象としてある。

前記のありように加えて「生きていない物」の「動く」がさらに一つになれば、「宇宙の生成」が「生きる」そのものとしてありうる。以下、『生きるそのもの（「直感的生成」）』と『「生きる」そのもの（「非直感的生成」）』についての対比的命題を表示する。

命題57　「直感的生成（生きる）」とは、「直感が自己として生きる」である。
命題58　「非直感的生成」とは、「自己が自己として生きる」である。
命題59　「直感的生成（生きる）」には、以下の三様がある。
①「一般直感」が生きる（たとえば、人間一般）。
②「根源直感」が生きる（たとえば、動物一般）。
③「超越直感」が生きる（たとえば、純粋直観）。
命題60　「非直感的生成」とは、「表象・数字が生きる」あるいは「表象・数字を生きる」である。

たとえば、「説明行為」は「直感が表象を生きる」であるにしても「直感が自己として生きる」ではない。ましてや、「表象や数字が生きる」は「直感が自己として生きる」ではない。〈表象作用〉優位の〈直感作用〉と〈直感作用〉優位の〈表象作用〉の差異は単なる区分わけでも意味の度合いでもなく、本質的な差異である。直感としての「自己」が主体となるのと単なる要素としての「自己」が主体となるのとでは、「直感」についての〈扱い〉、あるいは〈気づき〉の差異が前提となっており、直感にとって本質的な差異である。この主体問題との関連では、直感を中心としてとらえる場合には次の三種のありようがある。

①〈直感〉が主体である場合
②〈直感〉の要素としての「自己」が主体である場合
これにはさらに二種ある。
②―1　この「自己」が〈直感〉のありように気づいている場合
②―2　この「自己」が〈直感〉のありように気づいていない場合（単なる「自己」）
③〈直感〉の要素としての「非自己〈超越・根源〉」が主体である場合

④「非自己」（超越・根源）」が〈直感〉を占拠する場合

このように見てくれば、一口で「直感」と言っても一筋縄ではいかないことが分かる。それらを〈直感の本質〉からずれないようにするためには、それを補佐する鍵概念が必要である。すでに述べたように一つは「意味」であり、いま一つは「意図」である。だが、これのみでもなお不確かである。「直感作用」をこのように本質的に特化させている主因は何であるかも、ここではっきりと明記しておく必要がある。それは「表象作用」である。「意味」は「表象作用」に由来していることは自明である。「意味」があるから「表象」が必要であり、「表象」があるから「意味」が必要である（デカルト理論への回帰）。

さて、以上の事前準備の進み行きに改めて本書の最終主題である「直感と行動の関係」を重ねてみれば、そこにどのような光景が見えてくるか。

課題文1　「書く」は言動として「行動」であっても、「行動」一般ではない。

（この文を可逆的に直感分析すれば）

課題文2　「行動」は「直感する」ではないにしても、「生きるそのもの」である。

（すでに命題化されているように）

課題文3　（命題43の変容）「直感の本質」は「生きるそのもの」である。

（とすれば）

課題文4　「行動」も「直感の本質」も「生きるそのもの」である。

（ただし、「直感の本質」は、「全体性そのもの」および「全体性」そのものを前提条件とする。ところで、「全体性そのもの」及び「全体性」そのものを前提条件としない「生きる」とは何であるか。）

課題文5　〈表象〉は〈表象〉として部分でしかありえない。

課題文6　〈表象〉が何らかのありようで主導する「生きる」は、「全体性そのもの」を前提としていない。（結果として「全体性そのもの」が〈非表象〉として残る）。

メルロ＝ポンティはその生の最終段階の時間を費やして前掲課題文5にあるような方向でその論の〈理〉を展開し、その果てに現れた「全体性そのもの」を表象化する作業をつづけていたととらえられる。同じフランスの同時代の哲学者ジャック・デリダはメルロ＝ポンティのこのような進み行きを批判し、そこに「脱構築」の不在を見ている。その事態は、本論からすれば以下の二つの立場（視点）の差異にすぎないととらえられる。

①「生きる」との関係で〈未来〉に「全体性そのもの」を見通す立場（メルロ＝ポンティの場合）。

②「生きる」との関係で〈現在〉の閉ざされた〈空無〉と向き合う立場（デリダの場合）。

メルロ＝ポンティがその「論」の〈理〉に従って思惟を展開する果てに、「全体性そのもの」あるいは「全体性」そのものを前提しつつ歩んでいたかぎりで必然的に現れていた未踏の〈地〉が彼を奮い立たせずにはおかなかったはずである（遺作「見える物と見えざるもの」および「研究ノート」参照）。そのようなメルロ＝ポンティのありようを「〈脱構築〉の不在」と切り捨てるいわれは本論にはない。「全体性そのもの」は生きてあるものであり、その道を行く「生きるそのもの」があるかぎり、そこに現れる「全体性そのもの」は新たに見いだされてあるはずである。

問題は、そのありようを「脱構築の不在」と批判することにあるのではなく、そこに見えてきた「全体性そのもの」が「論」の〈理〉によって固定されてしまうことにある（西欧的な「論」つまり「存在論」の〈理〉の限界）。本論からすれば、デリダが「脱構築」を言うときそこに現れる「空無」はあくまでも仮象であって現実ではない。メルロ＝ポンティにあったのと同じ「論」の〈理〉が導く「空無」である。さもなければ、それは「没する」ありようの「空無」であるが、そうであればそれと表裏の関係で「存在」の「浮かぶ」もありえるはずである。そのありようを「脱構築」から「新たな構築」への進み行きと言うのであれば、本論としてはそのことについても「異」を唱えるいわれはない（要素自己の領域のこと）。

本論からすれば、「空無」は「空無」としてはありえず、「空無」は「存在」につながっている（このことは現象学の述べるとおりである）。それについてはとりあえず「事象」と呼ぶよりなく、それを固定するのでなければ「空無」も「存在」も実存概念とするよりない。そうであればこそメルロ＝ポンティの「論」の〈理〉が向かうところにはいつでも「全体性そのもの」が現れつづけていた。それは必然的に〈理〉の外として現れていたはずで、しかもそれが未知のありようとすれば、その進み行く〈理〉のたどる道は果てることがない。そこには「空無」も「脱構築」もありえず、従って「生きるそのもの」を伴った新たな「構築」もありえない。現にある「全体性そのもの」の「浮かぶ」があるだけであろう。それは「存在」でもなければ「構築」でもない。

本書が人間の「行動」を主題化しているかぎりでは「政治的・思想的行動」に言及する必要があるが、その際の言及の必要領域は広大であり、別の機会に譲る。本論との関係で若干触れておけば、その鍵となるのは「構造」と「構築」の差異である。端的に言って、「構造」は「自己」と「非自己」の合成（直感）によって定まるが、「構築」は〈表象〉によって定まる。前者には必然的に「感じる」が含まれるが、後者は「知る」によって純化される。換言すれば、前者は必然的に「全体性」と密接するが、「後者」は〈表象による形成〉の限界として「部分性」を宿命づけられる。その結果、前者は「政治への直接性」を放棄する必要がある。「政治」とは〈意見の対立〉を本質としているからである。他方、「構築」とは「自己」による〈無制限の意見の定立〉であり、〈内〉と〈外〉、〈自己〉と〈他者〉それぞれの区分を前提としている。その〈外〉には常に他としての〈対立世界〉がある。

メルロ＝ポンティがその遠方に一筋の光明を見ようとしたとき「死」が彼を襲うことになったが、その時期に彼は西欧の「知」の行き着くところに「感じる」を見いだそうとしていた。本論はそのようなありようの「感じる」を「情覚」と名づけた。そこに見いだされるのは「表象」ではなく、「表情」である。ここで新たに以下の命題を立てる。

命題61　「表象作用」は「部分作用」である。

命題62　「直感作用」は、「表象作用」を部分として含む。なぜなら、「直感作用」は「全体性そのもの」を前提とするから。

命題63　「行動」は「表象作用」を部分として含む。なぜなら「行動」は「生きるそのもの」であって直感作用を通じて「全体性そのもの」に重なっているから。

「行動」は「生きている物」における「動く」であることからすれば、それ自体「生きるそのもの」であり、加えて「全体性そのもの」であることも分かりやすい。また、「行動」が「表象」をとりあえず必要としていないことも分かりやすい。人間以外の他の「生きている物」が「表象」を必要としていないことにこのことは明らかである。それらの「動く」は「動く」自体で純粋化している。だが、〈人間における直感のありよう〉の「動く」のこととなれば事は単純でないばかりか、謎に向けて傾く。その場合でもやはり「表象」が鍵を握っている。それればかりか、ここでの根本主題である「動く(行動)」が鍵を握っている。「行動」とともに働く直感がありうることは前掲の命題から明らかであり、一般的に見ても「考えながら歩く」という事象一つを挙げても自明である。問題は、そのようなありようの内で直感がどのように働いているかである。これまでの文脈に沿って換言すれば、「直感」における「動く」とは何であり、どのようにあるかである。

「行動」において働く直感のありようの対極に西欧哲学において重要な概念となっている「純粋直観」がある。「純粋直観」からは「行動」はもちろん「身体」関係の「感覚」も除外される。この直感は「感じる」を極限まで薄くして「知る」へと純化する。だが、それが「知る」であるかぎり「動く」と無縁ではありえないはずだが、「知る」は「知る」の対象が「動かない」にならなければ現実のものとはならない(「表象」の必要性)。

この直感は「純粋直観」と表象化されるかぎりで「全体性そのもの」を捨てる。それはちょうど人間以外の「生きている物」の「動く」において「表象」が欠落することの対極を指し示している。「純粋直観」が「一般直感」に次いで「全体性そのもの」を捨てることで純粋化しているのに対して、「生物」の直感は「表象」の欠落によって「行動」を単なる「動く」へと純粋化している〈「根源直感」〉。

人間の「行動」一般は、前記の文脈にある直感との関係に照らして考えれば、「純粋直観」と「根源直感」の中間に位置しているととらえることができる（「一般直感」）。

以上の「直感が直感を分析する」の進み行きにおける主体は、以下の二項に根源的に支えられている。

⑴「全体性そのもの」に含まれる全体性（以下、単に「全体性」と表示）

⑵「自己」の「生きる」

そこに見いだされたものが〈直感の意味〉であり、〈直感の本質〉である。このような文脈にある「構造」をここで摘出しておけば、「直感の構造」とは最終的あるいは根源的に前記のような「全体性」に帰着するありようのことである。そこで起こっている「直感の事象」もまた最終的あるいは根源的に前記のような「全体性」に帰着するありようのことである。

以上のようなありようの「構造」や「事象」は、本質的に「動く」と関連している。〈全体性〉も〈部分性〉もまた本質的に「動く」と関連している。今現にここにある進み行きが「全体性」と連関しているようにそうである。今ここでは文字が画面上に現れ一見固定されているが、それもまた今現にここにある「全体性」に含まれている。つまり「動く」のなかにある。この〈固定〉は「全体性」に含まれているかぎりその「動く」とともに動いている（「意味の変化」）。そこでは「文字」としての「物」の微細なありようの「動く」が「意味の変化」とともに潜在し、あたかもその反映のようにして「直感が直感を分析する」が進んでいる。このことのうちに私の「書く」が言動として、行動としてある。その際の「動く」は、一つには「指」に代表される私の「身体」であり、いま一つには微細であれ潜在であれ、あるのかないのかも分からないような「思惟」における「動く」である。前記の「全体性」の概念には、今述べたように微細であれ潜在であれ、あるのかないのかも分からないありようの「思惟」としての「動く」が含まれている。これは「行動」とは言わないし、「言動」とも言いがたい。あえて言えば、「表象」における「動く」である。前記のような文脈は「表象」における「動く」を特化するが、それが「全体性」との関連のうちにあることから、「身体」における「動く」、「物（たとえばワープロのキー）」における「動く」「身体」および「物」に潜在する「動く（たとえば、分子、原子、粒子、素粒子など）」が一連托生となっている。

命題64「動く」には、次の三種の態様がある。

①　身体の「動く」（行動）。

②　物の「動く」（運動）。

③　表象の「動く」（思惟）。

命題65「動く」には、次の二種の質がある。

①　見える「動く」。

②　見えない「動く」。

命題66「見えない〈動く〉」には、大別して次の四種がある。

①　隠れるありようのもの（たとえば「壁の向こうにある物」）。

②　潜在するありようのもの（たとえば「分子、原子、素粒子など見えないもの」）。

③　遠すぎる、あるいは速すぎるありようのもの（たとえば「遠くの宇宙物体や動く微小物体」）。

④　「物」として存在しないありようのもの（たとえば「表象」）。

これらの命題に、「意味」と「意図」を重ねてみる。

参考文1　身体の「動く（行動）」は、「意図」を指し示す。
参考文2　表象の「動く（思惟）」は、「意味」を指し示す。
参考文3　物の「動く（運動）」は、「意図」と「意味」の中間を指し示す。
参考文4　見える「動く（行動、運動）」は、「意図」を指し示す。
参考文5　見えない「動く（各種あり）」のうち「思惟」は「意味」を指し示すが、それ以外の「見えない〈動く〉」は何も指し示さない。
参考文6　「隠れている〈動く〉」は、「想像する」と一緒でなければ何も指し示さない。
参考文7　「潜在する〈動く〉」は、「潜在する〈意味〉」を指し示す。
命題67　「意味」は、「表象」や「思惟」と関係する。
命題68　「意味」における「動く」は「思惟」である。
命題69　「意味」は、「表象」として「思惟」としてあり、見えない。
命題70　「意味」は、「見えない〈動く〉」である。
命題71　「意味」は、「隠れている〈動く〉」にもありうる。
「意味」における「固定性」の吟味が必要である（「思惟」との関連で後述する）。
この命題71にある「意味」の隠れている〈動く〉ありようは特殊であり、具体的には「動く形象」を想像したり、空想したりする場合である。その場合は、単に「想像するそのもの」の〈内的な意味〉のみならず、「動く形象」の〈外的な意味〉も考慮される。ここで「想像」や「空想」の作用における「物の〈動く〉」の二種の「意味」を特化しておく。
A　「内的意味」（たとえば、〈創作上、会話上の「物」の「動く」〉）
B　「外的意味」（「現実」の「物」の「動く」）

このアナロジーにおける「意味」作用について、以下参考事項を列挙し、注意を喚起しておく。

①「現実」との関連で二分化する下記の二種の「動く」の差異は大きい。

a「内的」にある「動く（想像的・空想的）」

b「外的」にある「動く（現実的）」

（aにおける「動く」の「意味」のありようは「内的形象」とともにあり、bにおける「動く」の「意味」のありようは「外的形象」とともにある。）

②「内的形象」における「動く」は、「形象そのもの」の動きではない。

②―1「内的形象」における「動く」においては、「意味」は形象化以前にある（想像主体、空想主体としての「自己」に関係する「意味」）。

②―2「内的形象」における「動く」の「意味」は、「自己」と「非自己」の合成としてある。

②―3「内的形象」における「動く」の「意味」に働く「非自己」とは、一つには「内的形象そのもの」の働きであり、今一つには「自己」主体に絡む「非自己」の働きである。

②―4「内的形象」における「動く」の「意味」は、「自己」および「非自己」の「意図」と一体となっている（エネルギーともども。後述「意図」の項参照）。

また、「物」が隠れてある「動く」の場合には、たとえば物理学における〈理〉の働きについての考慮が必要である。これをさらに敷衍すれば、論理学の〈理〉の働きが浮上する。この方向に「思惟」がある。これらについては、デリダとの関係で述べたことに尽きている。

命題72　「意味」は、「潜在する〈動く〉」にもありうる。

「見えない〈動く〉」とは別に、「潜在する〈動く〉」として二種のありようが想定される。

①「思惟」における「動く」のありよう。

②物理学上の分子や原子や素粒子などにおける「動く」のありよう。

②についての「意味」は、前記した物理学の〈理〉に基づく「意味」でとらえることが可能である。

命題73「意図」は、「行動」や「運動」と関係する。

命題73―1「意図」は、「動く」の本質である。

命題73―2「意図」は、「動く」との関係で二種のありようをする。

⑴「意図」は、「生きている物」の「動く」においては「生きる」の発源素である。

⑵「意図」は、「生きていない物」の動くにおいては単なるエネルギーである（現在の物理学の知見）。

命題72―3「生きていない物」の「意図（エネルギー）」は「非意図的」であり、その分「意味」に近づくが、それでもやはり「非意味的」である（物理学における〈理〉の働き）。

ここで本節の冒頭で掲げた「直感の本質」についての命題文を再掲し、本書の「直感分析」の進み行きの最終部に入ることにする。

直感の本質は、「全体性」と向き合っている。

直感の本質は、「全体性」を前提条件とする「生きる」である。

この二つの基本命題のうちに、前述してきた「意味」と「意図」はどのように位置づけられるか。以下、箇条書きで記す。

1　これら二つの基本命題の鍵概念は、「全体性」と「生きる」であり、それがそのまま直感の本質となっている。
2　加えて本書全体の主題は、直感に添うありようの「行動」である。
3　「行動」は「生きる」ありように最もふさわしい「概念」である。
4　なぜなら人間以外の他の生物に連続するありようをしているからである。
5　そればかりか「生きていない物」としての「物」にも「動く」との関連でつながっている。
6　このようなありようをする「行動」のありようは「生きる」ありようにそのまま重なっている。
7　しかも前記したとおり「全体性」のありようにもまたそのまま重なっている。
8　「生きている物」と「生きていない物」の連続性が「動く」によって保証されている。
9　しかもここで現に今このことを述べているありようが、筆者の指の「動く」に集約していることによってこの「全体性」は完成されている。
10　しかもその「動く」が単に外的な「現実」なのではなく、内的な「現実」としてもある。
11　しかもその現実が瞬時ごとに動きつづけていることのうちで「非現実」が控え、かつ働いていることでもこの「全体性」は完璧である。
12　そこになお欠けているものがあるとすれば、ここには「生きていない」がないことである。
13　だがその不在を代償するかのように今現に目の前の画面上に文字が次々と「生きていない」に到来している。
14　だがそれとても「意味」を含みもち、次に起こりうる「指」における「動く」にすでに連結している。
15　さもなければ「表象」として「動く」を潜在させる。

前記した物理学の〈理〉に基づく「意味」のアナロジーとして「思惟」の「論」の〈理〉がある。このアナロジーにおける差異が問われる。これについて、以下整理する。

課題文１「物」の〈理〉には、以下の二種のありようがある。

課題文１―１「物そのもの」の〈理〉

課題文１―２「物」の表象の〈理〉

課題文２「物」の表象には、「物」の名、記号、数字がある。

課題文３「物」の表象の〈理〉は、「記号」と「数字」の〈理〉に従う。

課題文４「物」の表象の〈理〉が「人間」の「生きる」に関係するとき、更に「論」の〈理〉が加わる。

（そもそも「論」の〈理〉とは何であるか。）

課題文５「論」は「人間」の「生きる」に関係する。

課題文６〈理〉は「固定する」に関係する。

課題文７「論」の〈理〉は「生きる」に関係するとき、「論」と〈理〉の矛盾の定立となる。

課題文８「物」の〈理〉は「生きる」に関係するとき、「物」と〈理〉の矛盾の定立となる

課題文９「論」自らが〈理〉を「人間」経由で立てるとき、「人間」の〈意〉と矛盾する。

課題文10「物」自らが〈理〉を「人間」経由で立てるとき、「人間」の〈意〉と矛盾する。

課題文11「人間」の〈意〉は、〈理〉として「矛盾」を含む。

課題文12「人間」の〈意〉は、「意味」と「意図」を含む。

課題文13「意味」と「意図」は、それぞれ二層化することによってその抱える「矛盾」を「生きる（直感）」へ解消する。

課題文14「意」は「直感」の核である。

以上の課題文について「意味」と「意図」の二概念でさらに検討することが今後の課題だが、本書ではこれ以上の詳述は控える。その代わりとして課題文14を本書の結論として提示する。

この結論は単に「行動」との関連のことではなく、直感一般に通じることは言うまでもない。直感の核としての「意」は、すでに繰り返し述べてきたように潜在的にせよ顕在的にせよ「全体性そのもの」と常に向き合っているし、そうであればこそ「意」は「生きるそのもの」の核となっている。「全体性そのもの」と向き合う直感においては「意味」が主導し、「生きるそのもの」の核となる直感においては「意図」が主導するととらえれば分かりやすい。

また、その場合の「意味」と「意図」が直感の要素としての「自己」と「非自己」との関係で二層化し、それぞれA（表層）、B〈深層〉に分化するととらえれば分かりやすい。その場合、「行動」において働く直感は特殊であり、前述のとおり「意図」が前面に出ることから、そのA（表層）のもつ役割は重要となる。

人間の行動は動物のそれとは違って、とりわけ青年期や成人期においては自己・他者関係の現実性が極まり、「意図A（表層）」のもつ役割は大きい。そうであっても「行動」は「行動」であって「思惟」ではなく、「動く」をその本質としていることから「意図B（深層）」による限定も大きい。他方、「意味」についてはそれが「意味」であるかぎり「思惟」との関係が密接であるが、「行動」と直結する直感の働きにかぎれば、その「思惟」は日常的なものに限定される。つまり、「意味A（表層）」が重要となる。だが、前記したように「行動」における「動く」はもともと「身体」の「動く」として「意図B（深層）」を前提とすることから、それに連動して「意味B（深層）」の影響を大きく受け、その場合の直感の働きは複雑化すると想定される。

人間は「思惟」によって他の「生きている物」とは顕著な差異をもつが、「行動」によってもまた前記のような別様の顕著な特徴を迫られている。とりわけ直感との関係では無視できない特徴が浮上する。直感作用において「意味」と「意図」が互いに絡むとき、「行動」との関連でその働きが特徴的に規定されることは特記しておくべき事項である。

「意味」であれ「意図」であれ、「A（表層）」はその働きの場を「日常的、社会的な場（意識領域、存在領域）」ととらえれば分かりやすくなる。だが、「意味」であれ「意図」であれ「B（深層）」が「行動」と協働する直感のありようはなお複雑である。一つには、「思惟」における「意味B（深層）」と「行動」における「意図B（深層）」の交差、循環の複雑さがある。また、それとは別に、人間の行動一般と動物に普遍する「行動」一般との根源的差異の複雑さがある。これについては、今後の課題としてここで特記しておく。

課題文15　「行動」において働く直感は、「意味B」および「意図B」との関係で複雑化する。

課題文15―1　「思惟」において働く「意味B」は、「行動」において「意図B」の背後へと深化しうる（「意味B1」と「意味B2」の分化）。

課題文15―2　「思惟」において働く「意味B」は、「行動」において「意図B」と連関し、「根源直感」との連動を強めうる（「一般直感」と「根源直感」の関係の顕在化。「意図B1」と「意図B2」の分化）。

前掲した「意図B」のB1とB2への分化が「行動」との関連で生じてきていることとのアナロジーが、「思惟」における「意味B」に関してもそのさらなる分化が「意図B」との連関で副次的に浮上する。「一般思惟」から「哲学的（あるいは論理的）思惟」への移行に基づく変化である。今後の参考として、これについても特記しておく。

課題文16「思惟」において働く直感は、思惟の深まりに応じて「意味B」および「意図B」との関係で複雑化する。

課題文16―1「思惟」において働く直感は、思惟の深まりによって「意図B」は「意味B」の背後へと深化しうる。（「意味B1」と「意味B2」の分化）。

課題文16―2　「思惟」において働く「意味B1」は、思惟の深まりにおいて「意図B」と連関し、「純粋直感」との連動を強めうる（「一般直感」と「純粋直感」の関係の顕在化。「意図B1」と「意図B2」

との分化)。

以上のことからすれば、「行動」における直感の働きは、その表層と深層が「思惟」との二位相関係で複雑化し、単にその深層を「意味B」、「意図B」と述べてすますわけにいかないことが分かる。その場合には、「意図B」はさらに「人間の行動」に偏る「意図B1」と「動物の行動」に偏る「意図B2」の二分が、とりわけ直感との関連で必要となるかもしれない。これは「一般直感」と「根源直感」の中間項の必要性の問題である。本書における結論が、前記のとおり「直感の核は意である」と導き出されたことからすれば、それが「意図B」の更なる二分化の必要性の鍵を握っている可能性もある。

これについてもすでに述べたことだが、「意」は西欧的文化では「知る(知覚)」に偏り、東洋的文化では「感じる(心)」に偏ることからすれば、ここにきて「一般直感」と「根源直感」の二概念が浮上してきている意味は大きい。その両者の概念とも本論特有のものであり、西欧文化では直感については「直観概念」と「純粋直観概念」を特化するにとどまっていることにこのことは示唆的である。

振り返ってみれば、東洋的文化には「意味」概念にあえて「意図」概念を近づけなければならない必然性が潜んでいる可能性もある。このことに関しては、いずれ文化の根源としての「神話」や「口頭伝承」における直感作用を取り上げることで新たに何かが見えてくるかもしれない。直感はもともと文化の「根源」と「発展」、「未分化」と「分化」のありようと密接につながっている心の働きであり、今後そのことへの問いを解く必要性は極めて大きい。その際、すでに本論で表象化してある「情覚」が直感の働きにおいて占める意味は大きくなり、この「情覚」概念が「意」概念(直感の核)と密接な関係にあることが想定される。これらの概念は紛れもなく実存概念であり、それらと関係する「生きる」の事象は「根源」あるいは「超越」の領域で特徴的に展開することから明らかな確かさではとらえがたいものとなっている。

おわりに

「直感的に生きるとはどのようなありようのことであるか」と問えば、それは直感分析論にとって（換言すれば人間が生きることにおいて）本質的な問いとなる。まずもってその問いは「行動」を前面に引き出すことになる。「生きる」の本質は「行動」にあるからである。「言葉」をもたない乳幼児や動物がそのことを如実に明かしている。いまだ「言葉」をもたず、明らかなありようの「社会」をもたないながら乳幼児や動物はその「行動」によって早々と生き始める。彼らには（それらには）直感がすでに属しているからである。それが「直感的に生きる」ということの意味である。

　そうであるとすれば、それは下等的なありようの生き方と言えるか。否である。そこではすでにして全体性が現としてあって、彼らは（それらは）その全体性のありようとともに「生きる」を始めるからである。そこでの全体性のありようには全体性として足りないものはない。そこで必要なのは部分性を全体性の内に整えていくことである。だが、それは単に「行動」にかぎられるものではない。「行動」は「行動」としていつでも全体性としてあり、そうであるがゆえに、彼らに（それらに）自然や社会の保護作用の助けがなければ現実としての全体性は厳しく迫ってくる。「直感的に生きる」とはこのように「全体性」と向き合って人間の主体が生きることである。

　人間のこのようなありようを「直感論的ヒューマニズム」と呼ぶことにする。ヒューマニズムを標榜するかぎり「生きる」の主体が自己にあることは言うまでもないが、前記したとおり「行動」の根源に遡れば「自己」のみで「生きる」が可能にならないことも自明である。「行動」に「身体」のみならず「心」も添えてみれば、人類の原初においてある無数の神話がそのような直感のありかを告げている。それは単に未開発を明かしているのではなく、生《き》のままの全体性を明かしている。

なお、本書は既存の多くの知見に負うところが大きいが、直感論の本質として実存概念を基礎にしているので、参考文献をまとめて提示することは省くことにする

二〇一一年五月

著　者

■著者紹介

渡邊　佳明（わたなべ　よしあき）

1941年　東京都生まれ
1965年　東京大学文学部仏文科卒業
1971年　国家公務員上級甲（心理）の資格により法務技官
1976年　法務総合研究所に6年間勤務
1993年　岐阜少年鑑別所長に就任。以後、大津、和歌山、千葉、札幌の各少年鑑別所長を歴任
2002年　昭和女子大学大学院生活文化研究専攻臨床心理学講座教授
現　在　同大学院生活機構科心理学専攻教授
茨城県に在住

主な研究領域

臨床心理学、非行臨床、直感分析論

主な著書

『虚空のダンス～直感が捉えた六つの非行原理』（文芸社、2000年）
『シンクロする直感～よしもとばなな「アムリタ」の意味するもの』（同上、2005年）
『「心の問題」と直感論』（大学教育出版、2008年）
『直感分析論―「言葉」と「心」の領域―』（大学教育出版、2009年）
『「直感分析法」の原点と拠点』（大学教育出版、2010年）

続・直感分析論
―「行動」と「身体」の領域―

2011年6月20日　初版第1刷発行

■著　　者――渡邊佳明
■発 行 者――佐藤　守
■発 行 所――株式会社 大学教育出版
〒700-0953　岡山市南区西市855-4
電話（086）244-1268㈹　FAX（086）246-0294
■印刷製本――モリモト印刷㈱

ISBN978 - 4 - 86429 - 070 - 8